# Resiliencia para *pandemials*

# Resiliencia para *pandemials*

## Crianza y acompañamiento en tiempos de covid

ALEJANDRA CRAIL



Grijalbo

El papel utilizado para la impresión de este libro ha sido fabricado a partir de madera
procedente de bosques y plantaciones gestionadas con los más altos estándares ambientales,
garantizando una explotación de los recursos sostenible con el medio ambiente y beneficiosa para las personas.

**Resiliencia para pandemials**
*Crianza y acompañamiento en tiempos de covid*

Primera edición: mayo, 2021



ISBN: 978-607-380-182-9

Impreso en México – *Printed in Mexico*

# Índice

## Introducción

# Volverán los abrazos

Era lunes por la mañana cuando de pronto sentí que el estómago se me revolvía. Unas náuseas extrañas acompañaban a la panza vacía que no había aún probado alimento. Corrí al baño, mi cuerpo se arqueó, pero nada; solo el miedo. Un terror alimentado por una noticia reciente: días antes había convivido con una persona que dio positivo a covid-19.

Conté los días y, según mis cálculos, estaba precisamente en el periodo cuando, tras contacto con el virus, los síntomas comienzan a mostrarse. En mi mente comencé a recordar algunos otros rastros de enfermedad que se habían presentado días antes: cansancio extremo, inicios de conjuntivitis, molestia en la garganta. Me sentí paranoica. Un *test* covid del gobierno de la Ciudad de México, contestado por celular, arrojó que tenía 35% de probabilidades de tener el virus y que, por lo tanto, era apta para hacerme una prueba.

Durante la espera de resultados, mi vida se instauró en un extraño limbo, cobijado por la incertidumbre.

Mi ansiedad crecía a la par de los síntomas, mismos que aparecieron también en mi compañera de departamento. El tiempo se me iba en pensar y pensar y volver a pensar en todo lo que había hecho desde lo que yo intuía como mi primer contacto con el virus y, sobre todo, en todo lo que toqué en el camino.

La piel es el órgano más grande del cuerpo humano, aquel que nos permite relacionarnos con el mundo, entenderlo y comunicarnos en cada roce, caricia, abrazo. Tocamos todo con y sin conciencia plena y así recibimos información útil que usamos todo el tiempo: el tacto es una llave al conocimiento, pero, sobre todo, es un medio de expresión. Sin embargo, en tiempos del covid-19, este don se ha convertido en un riesgo. ¿En qué momento algo imprescindible e inherente al ser humano se volvió terrorífico?

La posibilidad de ser portadora de SARS-CoV-2 me hizo recordar el texto de la colega michoacana Záyin Villavicencio y sus palabras: "La estadística lleva mi apellido".[1] Pensé en todas las madres, padres, abuelos y abuelas, hijos, amigos, colegas que ya no están y en el lamento individual de cada historia que es ya colectivo: la imposibilidad de una despedida, de un último abrazo, de transmitirle por medio de nuestra piel el amor a ese otro que tanto nos dio.

[1] Záyin Dáleth Villavicencio Sánchez (2020). "La muerte número dos, tenía ojos negros y era mi madre." *Revolución.* Consultado el 22 de noviembre de 2020. Recuperado de <https://revolucion.news/la-muerte-numero-dos-tenia-ojos-negros-madre/>.

En suma, la ironía de que —en un momento como este— lo que más nos hace falta es aquello que podría ser mortal: sentirnos rodeados por los brazos de otro, el corazón pegado a otro corazón, mientras nuestros brazos acogen su cuerpo, pero también su alma. ¿Cómo se da un abrazo a distancia?

Mi prueba, después de días, salió negativa, y fue un extraño renacimiento que coincidió con el tiempo en que yo terminaba este libro. Supe entonces que en este proceso de reinvención de la vida teníamos también que aprender a abrazar a distancia, extendiendo los brazos más allá de los cuerpos físicos y cobijar, sobre todo, a quienes recién están aquí, descubriendo el mundo, un mundo limitado para su exploración.

Si para los adultos el tacto es un sentido importantísimo, para los más pequeños es invaluable: es la herramienta de conocimiento del mundo de las niñas y los niños. El contacto físico con el otro forma parte de su sociabilización; es indispensable para su desenvolvimiento, tanto como lo es tocar todo lo que hay en su camino. Como lo explica Katia Hueso, bióloga y cofundadora de la primera escuela infantil al aire libre, las niñas y los niños vienen al mundo a jugar, a descubrir y explorar, es a partir del juego que se desarrollan, que se vinculan con el mundo, con los otros. Hoy, el juego y el contacto se han cuarteado.

Diversos estudios han demostrado que el contacto con los otros es una práctica beneficiosa capaz de ayudarnos a reducir el dolor, la depresión, el estrés,[2] quizá por eso ante un desastre natural, como un terremoto, las primeras reacciones de quienes lo están viviendo es cobijarse en un abrazo, sin importar si se conoce o no al que se tiene entre los brazos. Por ello, el aislamiento como regla y la prohibición del contacto físico, junto con la idea instaurada de que todo lo que se toca —sea una cosa o una persona— son riesgos potenciales, pues implican uno de los retos más visibles de la pandemia de covid-19 para las niñas y los niños, aunque no el único.

Es ahí, en esa imposibilidad, donde se crea un parteaguas, un antes y un después. En medio, nosotros y todos los nuevos seres humanos que están llegando a este mundo en medio de un caos. Especialistas de todo el planeta comienzan a llamar a los recién nacidos —y en algunos casos a los que ya llevamos años vividos— *pandemials*: personas que por las circunstancias nos hemos movido a otra forma de vida, envuelta en el uso y avance de las tecnologías, en el distanciamiento social que transformó en extrañas las viejas formas de sociabilización —especialmente los abrazos y besos—, en la crisis económica que resentimos y que apenas está iniciando, así como en el papel del ser humano como habitante de un mundo que parece querer expulsarnos, cansado del maltrato histórico al que lo hemos sometido.

[2] Redacción (2009). “La energía del tacto.” *Vanguardia*. Consultado en febrero de 2021. Recuperado de <https://www.lavanguardia.com/gente/20090124/53625580693/la-energia-del-tacto.html>.

La urgencia, entonces, cambió de foco. Entendí que mi posición ante el covid-19 no deja de ser privilegiada pese al miedo, el estrés y la ansiedad que la pandemia provoca en mí porque, aun con todo lo que implica —que no es un reto menor—, tengo herramientas para enfrentar lo que vivimos y estoy segura de que en la mayoría de los adultos también las hay o, al menos, existen mayores posibilidades de pedir apoyo, buscar salidas y resultar mejor librados de toda la crisis. Nosotros, a diferencia de aquellos que apenas descubren el mundo —¡vaya mundo!—, tenemos marcos de referencia, capacidad para elegir nuevos caminos, criterios ya formados que nos hacen crear conciencia, actuar, crecer, vencer la adversidad. No ocurre lo mismo cuando se trata de niñas y niños que están en pleno desarrollo, que dependen de otro ser ya formado física, mental y emocionalmente.

Desde que el virus SARS-CoV-2 surgió en Wuhan, China, y se extendió por el mundo, nos obligó a un aislamiento casi en cada rincón del planeta como la medida de mitigación de contagios más efectiva. Cerraron negocios, oficinas, escuelas, se prohibió de forma temporal el uso de parques, plazas y espacios públicos; las familias tuvieron que encerrarse en casa y convivir 24/7 de un día para otro, combinando las actividades laborales con las escolares de hijas e hijos, así como las responsabilidades del hogar; también hubo a quienes el aislamiento les fue imposible, incrementando el temor al contagio y la separación familiar. Todo esto sin abrazos de contención.

Extrañamente, aunque el aislamiento se fue aligerando, se reactivaron algunas actividades consideradas "indispensables", pero todo lo relacionado con la infancia quedó rezagado. La pausamos. Volvimos a hacer uso de nuestra mirada adultocéntrica y priorizamos nuestras necesidades por encima de las niñas y los niños: la economía, el trabajo, la diversión —abrieron bares antes que escuelas—. Y solo a las niñas y los niños les seguimos diciendo "quédate en casa". No pensamos en sus emociones, en su desarrollo, en su salud mental. Y qué peligro.

Esta emergencia se ha extendido en duración más de lo que imaginamos, trastocando áreas de las vidas de niñas y niños ya endebles, como consecuencia del desempleo de sus padres y una crisis económica que acentuó la permanencia en los hogares, la convivencia obligada y el incremento de las responsabilidades de los progenitores y tutores de los más pequeños. Esta nueva realidad nos obliga a mirar las consecuencias que la emergencia sanitaria tiene para las niñas y los niños. Si tomamos como parámetro nuestras experiencias personales, quizá podemos alcanzar a vislumbrar un poco lo que implica para alguien que está en pleno proceso de desarrollo.

Ricardo Bucio Mújica, defensor de los derechos de niñas, niños y adolescentes, nos explica que las históricas vulneraciones a los derechos de la infancia en México y en el mundo se han recrudecido con la pandemia. La primera: la violencia dentro de los hogares. La violencia física, psicológica, verbal y sexual deja secuelas para toda la vida, cicatrices permanentes en los cimientos de las niñas y los niños que tendrán un impacto en su vida adulta y, por ende, en el resto de la sociedad. El especialista llama a mirar el lado oscuro del "quédate en casa", es decir, el estrés, la ansiedad, la depresión, todos aquellos problemas de salud mental que están surgiendo como consecuencia indirecta de la pandemia y que tienen altos costos para la ciudadanía.

La Red por los Derechos de la Infancia en México (Redim) ha advertido que los efectos de la pandemia se verán reflejados en la vida de niñas y niños a largo plazo. Habrá un rezago educativo gravísimo, se incrementarán los problemas de salud mental; la desnutrición, la pobreza y la orfandad se duplicarán, al tiempo que seguirá creciendo la violencia física y sexual; en suma, eso que veníamos haciendo históricamente se ha recrudecido con las decisiones gubernamentales: las niñas y los niños están siendo invisibilizados.

La organización Save the Children reportó que, con la llegada del covid-19, uno de cada cuatro niños aumentó su nivel de ansiedad, en la mayoría de los casos, a causa del aislamiento, la falta de juego al aire libre y el estrés por el distanciamiento social. Esto, advierte el psicólogo Carlos Vilchis, subdirector de Operaciones en Hominum México, expertos en salud emocional, es un foco rojo que debe ser atendido, por lo que los padres deben contar con herramientas que les permitan actuar al momento de detectar alguna anomalía en el comportamiento de sus hijos.

La pandemia también nos ha orillado a convivir la mayor parte del tiempo con el mundo virtual, que, a decir de Rosa Pérez, educadora de padres en materia de ciberseguridad para niñas y niños en Gaptain —una asociación que se enfoca en la educación y seguridad digital para infantes—, se rige por sus propias reglas y para gran parte de la comunidad adulta es poco comprensible a causa de la brecha digital que se ha instaurado por la velocidad a la que se desarrolla la tecnología. Esto ha subido el nivel de los retos en la crianza, obligándonos a los adultos a involucrarnos en ese mundo —que a veces sentimos ajeno—, para estar pendientes de cómo nuestros pequeños se relacionan virtualmente.

Margarita Griesbach Guizar, directora general de la Oficina de Defensoría de los Derechos de la Infancia, explica que en los últimos años ha quedado evidenciado que los riesgos digitales para este sector de la población son vastos, pero que la emergencia sanitaria ha empeorado ciertos panoramas, como el de la explotación sexual por medio de dispositivos digitales, que se ha incrementado —según sus propios cálculos— hasta en un 400% en los últimos cinco años.

El crecimiento de este delito, explica la especialista en infancia, se debe a diversos factores, pero principalmente a la combinación entre la cantidad de niñas y niños que están en línea con la facilidad de contacto que los abusadores tienen a partir de redes sociales.

En suma, hemos vivido pérdidas de todos aquellos que en este andar nos han dejado y la imposibilidad de despedirnos.

El diálogo vuelve al juego como la mejor herramienta para lidiar con un duelo y así, a través de la palabra y el acompañamiento, ayudar a las niñas y los niños a que enfrenten sus pérdidas, con calma, a su propio ritmo.

Teresita Tinajero, presidenta del Instituto Mexicano de Tanatología, dice que la pérdida es algo inminente de nuestra vida, presente en cada etapa desde el momento en que nacemos, pues cuando salimos del vientre materno nos enfrentamos a un mundo nuevo y perdemos la estadía en ese lugar seguro dentro de nuestras madres, pero explica que, aunque es algo completamente natural, la muerte se ha vuelto un tema tabú del que poco se conversa y sobre el que poco se educa. La evasión del duelo, en un momento como el que ocasionó la pandemia, también tiene consecuencias serias en la salud.

No hay duda: habitamos un mundo en transformación que nos exige ahora más que nunca transformarnos con él, regresando el foco a lo importante: escuchar esas voces que nos dicen "estoy aquí y te necesito". Porque nos necesitan.

Pressia Arifin-Cabo, representante adjunta del UNICEF en México, con más de 15 años de experiencia en respuesta humanitaria ante situaciones de conflicto o desastres naturales, aborda un tema del que pocos se atreven a hablar en voz alta: los adultos, mayoritariamente en tiempos de crisis, ignoramos las voces de las niñas y los niños, los dejamos fuera del proceso de reconstrucción, los aislamos, y, sin embargo, ellos resienten toda reacción nuestra en torno a un evento traumático.

El covid-19 es un parteaguas en la historia de la humanidad y, al igual que ocurre cuando un terremoto o una inundación o algún otro desastre natural o humano llega a determinada zona y transforma el entorno, trastocando cada centímetro de la vida, dejó a su paso inestabilidad, desequilibrio en la cotidianidad, miedo y angustia. No es una cosa menor lo que ha ocurrido con el surgimiento del SARS-CoV-2, ni los cambios individuales y colectivos que ha acarreado la pandemia.

Por eso nos urge replantearnos desde dónde estamos mirando el presente y el futuro y pensar para qué, para quién.

Comencé esta pequeña introducción hablando sobre una breve y afortunada experiencia personal porque estoy segura de que tú que lees esto puedes haber pasado por algo similar en algún momento del aislamiento, que puedes reconocer el estrés, la ansiedad y el miedo y, no tengo duda, mi experiencia es mínima, pequeñita en relación con lo que quizá has vivido o has escuchado de amigos o familiares; sin embargo, te pido que te preguntes a ti mismo, a partir de tu propia experiencia: "Si así lo veo yo, ¿cómo lo verán mis hijos, mis sobrinos, los hijos de mis amigos, los niños fuera del círculo cercano?" Y quizá de este modo, así como lo vi yo, puedas notar lo urgente de actuar, de aprovechar esta oportunidad dentro del caos: abrazarnos a distancia y abogar por un nuevo re-conocimiento de los miembros de nuestras familias y por el desarrollo de la resiliencia de sus integrantes, con el ojo puesto en los más pequeños.

Importa porque esto que vivimos hoy no será exclusivo. Desde 2007 la Organización Mundial de la Salud (OMS) preveía el surgimiento próximo de una epidemia, considerando que cada siglo ocurren tres, en promedio, con intervalos de entre 10 y 50 años. En el documento "Consideraciones éticas en el desarrollo de una respuesta de salud pública a la influenza pandémica" la OMS urgía a tomar las previsiones necesarias para poder reaccionar de forma adecuada en el momento en que una nueva emergencia se presentara. Si bien los hechos han demostrado que la prevención no fue suficiente y que el rezago histórico de los sistemas de salud pública del mundo tiene severas consecuencias ante un hecho como la pandemia de covid-19, hay en medio de esta transformación —que no será ni la primera ni la última que experimente la humanidad— la oportunidad de construir una sociedad resiliente.

Sin embargo, hay trabajo arduo por hacer. Y sin quitar la responsabilidad que tiene cada uno de los Estados en garantizar el acceso a los derechos a la vida digna, a la salud, a la educación, al trabajo, a una vida libre de violencia, etcétera, de sus poblaciones, hay un esfuerzo que se puede realizar dentro de esos espacios en los que nos hemos reencontrado, sin quererlo, con otros: los hogares.

"La pandemia nos reveló que no conocemos a nuestros hijos y ellos tampoco nos ubican como los papás 24/7 porque las familias no estábamos acostumbradas a eso", asegura Montserrat Camacho Besoy, especialista en terapia infantil y adolescente en la Clínica de Atención Psicológica Integral (CAPI). El conocimiento de lo que menciona la especialista es, pese a lo crudo, la llave a la transformación, a la posibilidad de elegir lo que Juan Martín Pérez, director ejecutivo de la Redim, llama paternaje y maternaje, es decir, una crianza responsable, consciente, con la finalidad de educar a nuestros niños y niñas en la resiliencia y reconocerlos como sujetos de derechos, individuos en formación que requieren nuestra ayuda para superar este reto y los que vengan.

Esas paredes que se convirtieron en oficinas, en aulas de escuela, zonas de juego, centros de convivencia y también en lugares de estrés, ansiedad, miedo y, no en pocos casos, de violencia, pueden ser transformados en lugares de crecimiento.

En el tenor del cambio, habría que recordar la importancia que tiene cuidar de uno mismo para poder así cuidar de otros, así como la tiene generar redes de apoyo entre familiares y amigos para paliar la desigualdad de género. "Hay que estar muy conscientes de que de nosotros como padres depende el ecosistema familiar: si tú te desmoronas, se desmorona el resto", recuerda Katia D'Artigues, periodista y activista mexicana enfocada en derechos de niñas y niños con discapacidad y madre de Alan.

Estoy segura de que hay un interés de madres, padres, abuelas, abuelos y tutores en darle un nuevo significado a su hogar porque hay una preocupación que comparten por sobre muchas otras inquietudes relevantes: ¿cómo hacer que mi hija, que mi hijo, salga fortalecido de esta pandemia?

Y luego, otras preguntas importantes que van surgiendo. ¿Cómo manejar la ansiedad? ¿Cómo sé si hay depresión? ¿Cómo lidiar con los cambios de rutina en medio de una pandemia? ¿Cómo hablo de una pérdida? Y, sobre todo, ¿cómo se regresa a la normalidad después de una emergencia sanitaria?

Entre el mar de temas, retos y oportunidades que atraviesa la vida de niñas y niños surge este trabajo que busca dar luz a esas preguntas y fungir como una guía que ayude a todo adulto que convive con un niño o una niña a encontrar herramientas para salir fortalecido de esta crisis y poder contar con nuevas habilidades útiles para enfrentar cualquier otra crisis que implique una ruptura en la cotidianidad. No tengo duda de que la respuesta al cambio está en los niños, pero, para empezar, nosotros, los adultos, tenemos que tomar la iniciativa.

De la mano de educadores, psicólogos, especialistas en crianza positiva, defensores de los derechos de la infancia y activistas que han impulsado el desarrollo de niñas y niños en contextos adversos, este proyecto busca trazar rutas hacia una nueva normalidad que coadyuven a fortalecer las herramientas parentales y educativas con un único fin: inyectar resiliencia a niñas y niños que se han descubierto en medio de una pandemia.

Las voces de estos generosos especialistas son luz en medio de esta oscuridad, una invitación a la acción, al amor, a la responsabilidad y a la conciencia, a no olvidar que las niñas y los niños son ciudadanos hoy, con derechos que deben poder ejercer libremente, con sueños e ilusiones que debemos cultivar: son semillas que están germinando para volverse frondosos árboles que alimenten al mundo. Enseñémosles a abrazarse con fuerza y seguridad a sí mismos para luego abrazar a otros.

Como describe Enrique Mariscal en su *Manual de jardinería humana*: "El trabajo más fino de la planta no se ve, es subterráneo, opera en la raíz, que debe estar protegida de las contingencias externas [...] Hay un punto en que la planta se autosostiene; agradece y supera al tutor. Nació para eso. No hay mayor alegría para el jardinero: un buen tutor estimula en el jardín ansias de superación".

# Criar un hijo en contextos adversos

Habían pasado 81 años del último terremoto con consecuencias desastrosas en Nepal, uno de los países por los que se extiende el Himalaya.

En abril de 2015 un terremoto de magnitud 7.8 removió las entrañas de Katmandú, la capital, y causó una avalancha en la montaña más alta del planeta Tierra, el Everest. El saldo que reportó el gobierno de Nepal fue de 8 mil 832 personas fallecidas, 22 mil 309 heridas y la destrucción completa de 530 mil edificios, escuelas y hogares.[1]

Casi un mes después, en la mañana del martes 12 de mayo, otro sismo —ahora de magnitud 7.1— sorprendió a los nepalíes, y si bien el saldo fue inferior al del terremoto previo, se desató el pánico.

---

[1] Gobierno de Nepal (2015). "Nepal Earthquake Casualties List: Casualties." Consultado el 21 de octubre de 2020. Recuperado de <https://docs.google.com/spreadsheets/d/1Q3QSx1_p78T4_qo_JVj5vEQtzuC-FWP2AfxYnVBSNzLQ/pubhtml>.

Las crónicas periodísticas locales e internacionales recogieron testimonios orales, grabaciones de teléfonos celulares y videos de cámaras de seguridad en los que se observa a la población sumida en un miedo tremendo, moviéndose entre gritos y buscando abrazos de protección.

Rownak Khan, la representante adjunta del UNICEF en Nepal, testigo de lo que ocurrió en la zona cercana al epicentro, detalló días después: "Los niños se abrazaban unos a otros y estuvieron llorando durante horas mientras la gente abandonaba sus casas".

Fue tras esa experiencia que lanzó uno de los primeros llamados a no subestimar el impacto emocional que estos desastres naturales tienen en la vida de niñas, niños y adolescentes más allá de la falta de comida, refugio o agua potable.[2]

Y es que cuando alguna catástrofe impacta repentinamente en la vida de una sociedad, lo último que se piensa es la afectación que tendrá en el desarrollo psicosocial y psicoemocional de los ciudadanos más jóvenes, que no son necesariamente los menoscabos más visibles, como pueden ser los problemas relacionados con la alimentación, la educación o el acceso a la salud, pero que al final también marcan a una población.

---

[2] UNICEF (2015). "Terremoto en Nepal: daño emocional sin precedentes para los niños." Consultado el 21 de octubre de 2020. Recuperado de <https://www.unicef.org/spanish/emergencies/media_81889.html>.

Pressia Arifin-Cabo, representante adjunta del UNICEF en México, también estuvo en Nepal aquel 2015 y fue una de las piezas clave para gestionar la respuesta humanitaria ante el evento. Por ello no teme decir que las reacciones de niñas y niños ante un desastre inmediato, como un terremoto, o a largo plazo, como una pandemia, no provienen directamente del miedo al movimiento telúrico o a la enfermedad, sino a las reacciones de los adultos. Lo vio directamente en Nepal en 2015 y luego en México el 19 de septiembre de 2017, cuando ya estaba asignada a este país y un sismo de 7.1 grados Richter afectó severamente a la Ciudad de México, Morelos y otros estados aledaños, luego de que días antes otro sismo de 8.1 grados había dejado serios daños en Chiapas —lugar del epicentro—, así como en Oaxaca, Guerrero, Puebla y Tabasco.

En los dos casos pudo testificar que no se puede separar el actuar de un niño del de un adulto en estas circunstancias, un símil de lo que ocurre ante cualquier otro tipo de desastre natural, o bien, en una emergencia sanitaria o un hecho de la vida cotidiana.

"Cuando tiembla, el niño no grita de inmediato. La respuesta no proviene del terremoto en sí o de ver algo caer, viene de ver gritar a la mamá o al papá o a cualquier adulto cercano que se vuelve referencia. El susto del adulto asusta al niño y entonces comienza a gritar", señala.

Los adultos generalmente no somos conscientes del impacto que provocamos en las emociones de niñas y niños, ni en cómo la falta de control al manifestar lo que sentimos tiene una afectación en cómo ellos interpretan lo que miran, sienten y viven, así como en la forma en que comunicarán esta interpretación.

Ya en la Carta de la Niñez para la Reducción del Riesgo de Desastres de 2011 —en la que el UNICEF, Save the Children y otras organizaciones consultaron a más de 600 niñas y niños de 21 países de África, Asia, Medio Oriente y América Latina—, se estableció que la protección a la niñez debe ser prioritaria antes, durante y después del evento. Además, pusieron énfasis en la importancia de que se reconozca el derecho de niñas y niños a participar y a acceder a la información necesaria para lidiar con lo que están viviendo.

Si bien cada desastre tiene un impacto diferente, toda sociedad tiene su propia manera de reaccionar y enfrentarlo, así como cada familia tiene sus métodos de adaptación; en todos los casos hay un factor común: la urgencia de visibilizar las necesidades de niñas y niños en medio del caos. Esta visibilización comprende, entre muchas otras cosas, darles voz a los más pequeños y, sobre todo, hacer que su voz cuente; esta es la primera llave para criar niñas y niños resilientes.

## La llave de la resiliencia

La resiliencia, según la Real Academia Española (RAE), es "la capacidad humana de asumir con flexibilidad situaciones límite y sobreponerse a ellas", y aunque la definición oficial parece decir que es algo innato, esto no es del todo cierto.

La cualidad de resiliencia es producto de un trabajo previo a un evento traumático, trabajo que aporta conocimientos útiles para lidiar con un suceso caótico y que ayudarán a transformar el resultado final de esta experiencia, es decir: no basta con sobrevivir a una situación compleja, sino que hay que apostar por salir fortalecidos tras el hecho traumático.

La preparación previa puede abarcar el desarrollo de mecanismos de protección social, la difusión de información vital para que la población sepa cómo reaccionar, el establecimiento de espacios seguros y la ubicación de las instituciones que pueden ofrecer ayuda, según explica Pressia sobre el desarrollo de esta cualidad en comunidades.

Desde su perspectiva, así como son los preparativos previos los que dan pie a la resiliencia tras un evento catastrófico en una sociedad, es la preparación anticipada de niñas y niños lo que les dará acceso a la resiliencia en una situación caótica: hay que capacitarlos, hablar de riesgos, explicarles qué pueden hacer cuando se presente uno, así como desarrollar con ellos métodos de adaptación que puedan ayudarles a enfrentar y superar todas las situaciones novedosas y anormales que se van presentando a lo largo de sus vidas con los menores daños emocionales, físicos y psicológicos posibles.

La representante del UNICEF, quien tiene más de 15 años de experiencia en gestión de programas de desarrollo y respuesta humanitaria en situaciones de conflicto y desastres, recuerda un buen ejemplo de esto. En Bihar, India, una zona que a menudo presenta grandes inundaciones, las niñas y los niños forman parte activa del desarrollo de modelos de prevención. Se les pide su colaboración para identificar los puntos de riesgo en sus comunidades, hogares y escuelas, pero además se les permite otorgar consejos a los adultos sobre cómo mitigar estos riesgos. Así, en la inclusión de temas que también les competen, es como van aprendiendo sobre lo que es un desastre, los tipos de desastres a los que pueden ser vulnerables por la geografía de su ciudad y, sobre todo, cómo protegerse.

En Nepal, tras el sismo y durante el proceso de reconstrucción de los centros escolares, se vivió un proceso similar. Esas escuelas que originalmente fueron diseñadas por adultos, sin considerar las necesidades más básicas de sus usuarios principales, escucharon por primera vez las ideas de los menores. Esto trajo cambios clave en la infraestructura de las escuelas.

Un niño señaló que la manija de la puerta era muy alta para él y sus compañeros, sugirió bajarla para que pudiera abrirla si ocurría un sismo y no había un adulto cerca; lo mismo ocurrió con las ventanas que, consideraron, eran muy altas y propusieron construirlas más pegadas al piso para que funcionaran como salidas de emergencia ante la posibilidad de otro terremoto o algún incendio.

Estas modificaciones arquitectónicas jamás se le hubieran ocurrido a un adulto porque sus necesidades son diferentes y existe, en el imaginario colectivo, una idea de que la visión adulta es la única correcta y que sus decisiones siempre serán las más aptas. Pero, como lo asegura Pressia, no siempre es así.

"Hay que escuchar lo que tienen que decir las niñas y los niños, escuchar cómo ellos se sentirían protegidos, cuáles son sus necesidades y priorizarlas", recalca.

Usualmente, detalla la especialista, los adultos creen que es mejor ocultar información aparentemente sensible a los más pequeños de la familia y, bajo un velo protector, se niega el diálogo, se otorgan explicaciones supuestamente más amables y aptas que no coinciden con la realidad; se les excluye de la toma de decisiones. Esto es quitarles la posibilidad de participar, aportar y, sobre todo, de prepararlos para lidiar con su presente y futuro.

Por ello, es fundamental escuchar las voces de niñas y niños durante la toma de decisiones dentro de los espacios que habitan, así como el conocimiento de las situaciones positivas y desventajosas que viven y su participación en el desarrollo de capacidades para detectar retos y en el aprendizaje de cómo superarlos, todo esto como la llave a la puerta de la resiliencia.

Entre las cosas benéficas que vienen con abrir esta puerta está la posibilidad de que las niñas y los niños aprendan a hablar con otros, a reconocer que sus emociones son importantes y que sus ideas son valiosas, lo que traerá como consecuencia la creación de vínculos de confianza con la gente que los rodea.

Conocer la realidad tal cual es, con sus beneficios y retos, les ayuda a adquirir la capacidad de relativizar conflictos, de evitar las visiones dramáticas y la sensación de estar en un pozo oscuro sin salida. Los problemas se convierten en obstáculos que serán vistos como desafíos y oportunidades para crecer y descubrir nuevas habilidades, gustos y capacidades; el pasado no los ancla, sino que se convierte en una herramienta para el autoconocimiento. Comienzan, así, a mirarse a sí mismos en un futuro más esperanzador que el que una situación traumática les ofrece.

Pero, sobre todo, aprenden que el hecho que han vivido y que los ha dañado no es determinante en su vida, es solo un momento y pasará: un mero aprendizaje que les ayudará a enfrentar la vida futura y que, por supuesto, no los define ni hoy ni en un futuro.

## ¿Qué es un trauma?

Un evento traumático es un suceso aterrador, peligroso o violento que representa una amenaza para la vida o la integridad física; un trauma puede ser también presenciar una amenaza a la seguridad física o a la vida de un ser querido.

Ante esto, las niñas y los niños pueden comenzar a sentir emociones fuertes y a tener reacciones físicas que no se van, se quedan durante un buen tiempo y que pueden incluir sentir un terror constante, impotencia o miedo, así como presentar reacciones fisiológicas como palpitaciones, vómitos o pérdida del control de la vejiga o los intestinos.[3]

Según la Red Nacional de Estrés Traumático Infantil (NCTSN, por sus siglas en inglés), todo niño que experimenta una situación así y que no cuenta con la protección de su familia puede sumar ansiedad por todo lo que está sintiendo y que no alcanza a entender del todo.

Los traumas pueden ser externos, como un desastre natural o un accidente, o bien ocurrir en el seno familiar, como la violencia doméstica, el maltrato infantil, el abuso sexual o la muerte inesperada de un ser querido. Esto puede provocar diversos cambios en la vida de niñas y niños, que pueden ser desafiantes para todo cuidador.

Este organismo hace énfasis en las consecuencias que puede haber en una niña o niño que ha experimentado algún evento traumático en su vida. Según describe, puede haber malestares intensos y continuos, síntomas depresivos o de ansiedad, cambios de comportamiento, dificultades con la autorregulación, problemas relacionados con los demás o la formación de apegos, regresión o pérdida de habilidades previamente adquiridas, problemas de atención, pesadillas, dificultad para dormir y comer, y síntomas físicos,

---

[3] The National Child Traumatic Stress Network (2020). "About child trauma." Consultado el 26 de octubre de 2020. Recuperado de <https://www.nctsn.org/what-is-child-trauma/about-child-trauma>.

como dolores y molestias. Los niños mayores pueden consumir drogas o alcohol, comportarse de manera arriesgada o participar en actividades sexuales no saludables.

En este sentido, recuerda Pressia, es importante considerar que hay situaciones con las que los adultos estamos acostumbrados a lidiar, o bien, para las cuales tenemos un mayor bagaje de herramientas que nos permiten superar la adversidad. Sin embargo, para las niñas y los niños no es lo mismo, no podemos pedirles interpretar lo que les ocurre de la misma forma en la que lo interpretamos los adultos porque estas reacciones interfieren con su vida diaria y con su capacidad para desarrollarse positivamente.

La importancia de atender estos síntomas es que dejan secuelas a largo plazo que pueden impactar en su vida de adultos y convertirlos en candidatos a tener serios problemas de salud o dificultades para establecer relaciones satisfactorias y mantener el empleo.

### Saber es poder

La crisis del covid-19 arrasó con todo lo que encontró a su paso y colocó en la cuerda floja la estabilidad emocional de niñas y niños, pero también de sus cuidadoras y cuidadores, que han visto mermar su desarrollo en distintas áreas. Esto potencia el surgimiento de problemas de ansiedad, depresión o estrés traumático.

Hay que recordar que, si bien los padres tienen como objetivo prioritario ayudar a sus hijos en el desarrollo positivo de todas sus capacidades y protegerlos de cualquier amenaza, hay situaciones que quedan fuera de su alcance y que, por más que se desee, no hay forma de evitar, como bien puede tratarse de cualquiera de los fenómenos naturales que hemos abordado a lo largo de este capítulo o de la pandemia más reciente que se ha presentado en el mundo.

Estos peligros representan amenazas a la estabilidad emocional, psicológica e incluso física de niñas y niños, pues se trata de eventos potencialmente traumáticos para ellos y que pueden sumarse a otras situaciones de vida que ya los tenían en algún grado de trauma.

Estar informado sobre el trauma, de acuerdo con la NCTSN, es útil para poder reconocer y responder ante los impactos que un hecho puede estar teniendo en niñas y niños. Es fundamental que todo cuidador —sin importar si son padres o madres, familiares cercanos, profesores o cualquier adulto cercano a una niña o niño— tenga conocimientos sobre el tema para tomar conciencia y que puedan colaborar al bienestar de los pequeños a su cargo, para así maximizar su seguridad física y psicológica, facilitar la recuperación o adaptación del niño y la familia y apoyar su capacidad para aprender y prosperar.

Hay algunos pequeños que son más vulnerables a experimentar estrés traumático en una crisis como la de la pandemia por covid-19, a causa de la ruptura de la rutina y el distanciamiento social.

Si bien ningún niño está exento de los factores estresantes y sus riesgos, hay que poner especial atención en aquellos que tienen antecedentes de hechos traumáticos en su vida, como por ejemplo, los que ya han tenido problemas de ansiedad o episodios previos de depresión o ideación suicida, transtornos de atención y aprendizaje, antecedentes de abuso infantil o violencia doméstica, con familias que hayan perdido empleos o visto reducidos sus ingresos, con familiares vulnerables al virus, aquellos que son hijos de trabajadores de la salud o adultos que por su actividad profesional están expuestos a un contagio, hijos de padres divorciados o que viven en lugares diferentes, y en aquellos que, por las características de su familia, pasan mucho tiempo sin supervisión.[4]

Entre las recomendaciones que la NCTSN ha creado destaca fomentar la autocompasión, es decir, implementar *el autocuidado* como método prioritario para cuidar a otros, para así identificar los problemas propios y resolverlos, salir fortalecido y dar el respaldo a quienes más lo necesitan. Para ser los mejores guías, insisten, hay que convertirse en buenos modelos para las niñas y los niños que tenemos alrededor.

---

[4] The National Child Traumatic Stress Network (2020). "Trauma-Informed School Strategies during COVID-19." Consultado el 26 de octubre de 2020. Recuperado de <https://www.nctsn.org/sites/default/files/resources/resource-guide/trauma_informed_school_strategies_during_covid-19.pdf>.

Ellos nos miran, nos escuchan y, sobre todo, nos aprenden, así que si mostramos calma, orden y autocuidado en contextos adversos, estas prácticas positivas y normalizadas podrán fácilmente comenzar a formar parte de sus rutinas.

La pandemia de covid-19 en muchos casos vino a replantear qué es importante para la vida de cada persona y también a recordarnos que, aunque todo parece indicarnos lo contrario, hay cosas más importantes que trabajar más de 12 horas diarias. Entre esas prioridades está cuidar la salud física y mental, así que una de las mejores medidas para afrontar los traumas es darles la importancia y el tiempo para atenderlos.

Es importante crear ambientes seguros donde las niñas y los niños se sientan apoyados física, social, emocional y académicamente, en los que puedan tener interacciones saludables con compañeros de escuela, amigos y miembros de la familia, ambientes que los motiven a hacer cosas en su propio beneficio.

## Oídos sordos: riesgos latentes

La resiliencia es también un método de prevención, es una forma de lidiar con un trauma. No importa si es un terremoto, una inundación, una sequía, un duelo o una emergencia sanitaria, la interrupción de la normalidad de la vida cotidiana tras un evento catastrófico conlleva, según sea el caso, enfermedades, lesiones, pérdidas humanas, desempleo, abandono del hogar, y esto sin mencionar los efectos del hecho en sí mismo, como pánico y estrés.

Según detalla la Comisión Económica para América Latina y el Caribe (CEPAL),[5] "los desastres (naturales o humanos) son considerados fenómenos sociales cuyos daños se pueden prevenir y mitigar para disminuir o controlar sus efectos". En este contexto, los menores son los más vulnerables a los impactos porque tienen menos recursos para enfrentarlos y, sin embargo, son quienes usualmente quedan relegados de las acciones preventivas, de acción inmediata y de contención futura.

Germán Casas Nieto, psiquiatra infantil y autor del capítulo V de la *Guía práctica de salud mental en situaciones de desastre* (2006), expone que las niñas y los niños tienen un amplio potencial de aprendizaje y que todos los días enfrentan retos que impulsan su desarrollo y la adquisición de nuevas habilidades cognoscitivas y afectivas. Históricamente, esto se había visto como una ventaja sobre los adultos, y si bien puede aprovecharse en situaciones de crisis, detalla el especialista, no significa que por esto tengan un menor impacto psicológico ante estos traumas o, como antes se creía, una especie de protección, sino por

[5] Comisión Económica para América Latina y el Caribe (2017). "Protección social de la infancia frente a los desastres." Consultado el 25 de octubre de 2020. Recuperado de <https://eclac.org/es/enfoques/proteccion-social-la-infancia-frente-desastres>.

el contrario: son un grupo de alto riesgo ante desastres y emergencias.[6]

Casas Nieto explica que la forma de enfrentar un evento traumático y de adaptarse a las consecuencias que el hecho traerá depende de la edad de cada niño, su posibilidad de comprensión y de los contextos que les han rodeado en las primeras etapas de su desarrollo, así como de la seguridad que pueda otorgar el entorno familiar. Los más vulnerables, desde su perspectiva, son los menores de cinco años, pues "tienen mayor riesgo de sufrir secuelas psicológicas, gastan más tiempo en resolver las consecuencias emocionales y tienen una vida por delante para convivir con ellas".

Sin embargo, hay que aclarar que los cambios repentinos de comportamiento ante una transformación de la vida, provocada por un hecho traumático —ya sea un desastre natural o humano, una emergencia sanitaria o una pérdida—, son normales hasta cierto punto. Sentirse triste, preocupado o ansioso ante un cambio abrupto no está mal, ninguna emoción es negativa, el trabajo está en aprender a nombrar lo que se siente, detectar lo que las provoca, entenderlas, atenderlas y recordar que son temporales.

Pressia Arifin-Cabo dice que no hay edad para notar las secuelas emocionales y psicológicas que un hecho abrupto

[6] Germán Casas Nieto (2006). "Guía práctica de salud mental en situaciones de desastre." Consultado el 25 de octubre de 2020. Recuperado de <http://enfermeriacantabria.com/web_enfermeriacantabria/docs/guia-practica-salud-.PDF#page=106>.

trae consigo. Niños y adultos las viven por igual, la diferencia está en las herramientas que unos y otros tienen para hacerles frente. En todos los casos, siempre es posible detectarlas y tratarlas antes de que se conviertan en problemas serios que requieran atención especializada. En el caso de niñas y niños, la responsabilidad de detección, atención y acompañamiento recae en los adultos.

Para ello hay que saber que en un primer momento niñas y niños enfrentarán miedo, ansiedad, desconsuelo e, incluso, la necesidad de ayudar a los demás, o bien, sentirán miedo extremo de saber que sus seres queridos pueden estar en peligro. Sin embargo, tras este primer acercamiento con el hecho traumático vendrán otras reacciones que se extenderán si no se restablece la normalidad pronto.

La segunda etapa comprende irritabilidad, exigencia, apego extremo, retroceder a niveles anteriores de su desarrollo —como el regreso del temor a la oscuridad o mojar la cama— e incluso presentar síntomas físicos como alteraciones del apetito, problemas gastrointestinales, dolores de cabeza o falta de sueño.

La afectación puede notarse también en su forma de relacionarse con otras personas, niños y adultos, en las que pueden mostrarse hostiles o violentos, dejar ver síntomas de insatisfacción o amargura —sobre todo en la etapa adolescente—, así como habrá también quienes pierdan el interés en *hobbies* y gustos previos.

Estas primeras etapas normales deberán siempre contar con la compañía de los adultos más cercanos como parte del desarrollo de la resiliencia. Aquí habrá que acotar que el hecho de que un niño no haya mutado en su comportamiento tras un hecho traumático no es sinónimo de bienestar, la escucha y el acompañamiento ante un momento de ruptura deberán prevalecer con o sin síntomas.

En su artículo "Reacciones relacionadas con la edad a un evento traumático",[7] la NCTSN enfatiza que es importante comprender la forma en que los niños viven los eventos traumáticos y cómo los expresan para poder restaurar el equilibrio.

No hay una receta que aplique en general para todos, cada uno tiene sus necesidades particulares y corresponderá a sus cuidadores aprender a detectarlas y atenderlas. Sin embargo, la NCTSN da cierta luz sobre lo que podemos esperar según la edad de quienes enfrentan una situación traumática.

Sobre los niños en edad preescolar y escolar, señalan que pueden experimentar una sensación de desamparo e incertidumbre que les provoca ansiedad continua y que se refleja en la pérdida de destrezas de desarrollo ya adquiridas, como puede ser no querer dormir solos ni separarse de sus

---

[7] The National Child Traumatic Stress Network (2010). "Age-related reactions to a traumatic event." Consultado el 26 de octubre de 2020. Recuperado de <https://www.nctsn.org/resources/age-related-reactions-traumatic-event>.

padres, evitar el juego si no hay un familiar que los acompañe, algunos pierden la habilidad de hablar o ir al baño y su sueño se ve interrumpido por pesadillas, terrores nocturnos y miedo a dormir. Otros expresan estos temores a través del juego, representado una y otra vez el trauma como la base para jugar, intentando cambiar el resultado negativo de la experiencia a uno que, a partir de su imaginación, sea más positivo.

Los niños de edad escolar, recoge la guía, pueden sentirse inseguros o estar preocupados por la seguridad de la gente que les importa —amigos, profesores, compañeros de escuela y familiares—; algunos se sienten culpables o avergonzados sobre cómo enfrentaron el suceso cuando ocurrió. Al igual que los más pequeños, pueden tener problemas con el sueño, temor a dormir solos o presentar pesadillas frecuentes. Los maestros, aun en la distancia, pueden detectar cambios en su comportamiento, es decir, observar que tienen dificultad para concentrarse, se notan cansados y les cuesta trabajo aprender. Los dolores de cabeza y estómago también son sintomáticos en esta edad, así como comportamientos imprudentes y agresivos.

Para los mayores, aquellos que están en la adolescencia, pueden ser recurrentes los sentimientos de vergüenza, temor, vulnerabilidad y preocupación por cómo serán vistos desde fuera por la situación que han enfrentado. "Un evento traumático para los adolescentes podría provocar un cambio radical en la forma en la que piensan sobre el mundo. Algunos podrían presentar comportamientos autodestructivos o ser propensos a sufrir accidentes."

En toda circunstancia, los adultos alrededor de niñas, niños y adolescentes deberán participar en su recuperación, fomentar el diálogo, la búsqueda de herramientas que permitan la expresión de los sentimientos y las emociones, como podrían ser el juego o el dibujo, y que deberán ser conscientes de su papel en la forma en que las niñas y los niños interpretarán lo que pasa a su alrededor.

Hay que darles certezas, ser pacientes si presentan regresiones en su desarrollo, ayudarles a poner en palabras lo que sienten y alentarlos a expresarse.

Habrá que hablar con honestidad sobre los cambios que se están viviendo, con comprensión sobre lo que se siente y ser claros en que este momento pasará; si bien es posible que las cosas no vuelvan a ser como antes, en conjunto, como el equipo que conforma la familia, se creará una nueva forma de vida que genere bienestar físico, emocional y psicológico para todos los miembros.

En una tercera etapa se recomienda que las familias intenten reconstruir su vida y establezcan una nueva rutina en beneficio de todos los integrantes, siempre con la conciencia de que no hay un reloj que marque el tiempo que se necesita para dar el primer paso ni que señale la duración del proceso de adaptación que conllevarán estos nuevos lineamientos.

## Estructura y rutina

Jimena es madre de un pequeño de siete años y de una adolescente de 17. Cuando en México se informó, a finales de febrero de 2020, sobre el registro del primer contagio confirmado de covid-19, sabía que la vida de su familia se transformaría, aunque no imaginó que este cambio duraría tanto.

Ella, mercadóloga, y su pareja, administrador de empresas, tenían una rutina clara con sus hijos antes de la pandemia. Despertar, desayunar en conjunto, llevar a los niños a la escuela e ir a trabajar era el arranque de su día, y luego, por la tarde, al cierre de las actividades escolares y laborales, pasaban un tiempo juntos en la cena, haciendo tareas o ayudando en las labores del hogar. Los niños tenían actividades extraescolares que permitían a los papás cumplir con sus horarios de trabajo sin la presión de recogerlos antes del cierre del colegio.

Llegó la pandemia y con ella el teletrabajo y la escuela en casa. Jimena recuerda que no fue complicado adaptarse porque la rutina ya estaba establecida. La escuela siguió funcionando en los mismos horarios, aunque de forma virtual, y cada uno pudo continuar con sus actividades sin cambios bruscos, salvo la permanencia en el hogar.

Luego llegaron las vacaciones y, tras la negativa de sus hijos a tener una rutina, Jimena aceptó reducir las exigencias, darles mayor libertad para elegir sus horarios y sus actividades cotidianas.

Lo que vino fue un cambio de comportamiento en su hijo pequeño. Comenzó con problemas para conciliar el sueño, pesadillas a mitad de la noche y un temor infundado de que alguien se metiera a la casa a robar mientras todos dormían.

A través del juego, Jimena trató de descubrir qué era lo que pasaba y poco a poco fue percatandose de que su hijo, al no tener una estructura clara, mantenía la mente ocupada con estas ideas que le robaban el sueño y le hacían sentir miedo.

La salida fue construir una nueva rutina previo al regreso a clases para tratar de identificar si con actividades que lo mantuvieran ocupado, los problemas de sueño desaparecían o si era algo más serio que requeriría el apoyo de un especialista.

Reacomodaron el espacio del hogar con zonas de trabajo y escuela asignadas para cada miembro de la familia; colocó un pizarrón en un área común en donde eran claras las actividades que cada integrante debía realizar y uno más en donde su hijo podía identificar las cosas que tenía que realizar cada uno de los días.

La nueva rutina establecía principalmente un horario específico para despertar, asearse y cambiarse, desayunar, horarios para estudiar, ejercitarse y jugar y, sobre todo, el establecimiento de una misma hora de dormir, sin importar si era un día entre semana o de fin de semana.

"Al principio le costó trabajo adaptarse de nueva cuenta, pero pasados los días y ya haciéndose responsable de sus actividades diarias, volvió a conciliar el sueño. Las pesadillas dejaron de aparecer a mitad de la noche y el temor de que alguien ingresara a la casa a robar o a hacernos daño también se esfumó", cuenta Jimena.

Las rutinas ayudan a chicos y grandes a organizar las actividades que se llevarán a cabo a lo largo del día; sin embargo, para niñas y niños son más que una opción de organización, son la base de su estabilidad, los cimientos de su estructura adulta y, sobre todo, lo que les brinda seguridad y tranquilidad en el día a día, así como la pauta para el incremento del sentido de pertenencia, estabilidad, cohesión y satisfacción dentro del hogar.

En el blog sobre salud infantil del Hospital para niños enfermos (SickKids), *AboutKidsHealth*, el paso fundamental que se recomienda seguir tras haber vivido un desastre o un cambio abrupto es hacer un esfuerzo por retomar —o crear desde cero— una rutina diaria.

"Las rutinas son reconfortantes porque permiten al niño tener expectativas realistas de su día", señala el artículo "Efectos psicológicos del desastre sobre los niños".[8] La alimentación, la higiene y el sueño son las primeras rutinas que deben quedar claras.

La recomendación de Pressia Arifin-Cabo también va en este sentido. Recuerda, por ejemplo, los conflictos armados

[8] AboutKidsHealth (2010). "Efectos psicológicos del desastre sobre los niños." Consultado el 26 de octubre de 2020. Recuperado de <https://www.aboutkidshealth.ca/article?contentid=302&language=Spanish>.

de Afganistán que provocaron el éxodo de cientos de familias que terminaron hacinadas en campamentos teóricamente temporales que, sin embargo, se volvieron sus nuevos hogares. Si bien el contexto no es simple y hay muchas cosas que escapan del poder de acción de padres y madres, siempre hay que apelar a la búsqueda de una rutina en los niveles más básicos: alimentación, higiene, educación, juego y ejercicio; pero además hay que establecer una rutina para padres y madres que pueda fungir como salida a la crisis que están enfrentando.

Hay que recordar que estos rituales cotidianos crean hábitos y esquemas internos que, en niñas y niños, favorecerán la adquisición de aprendizajes útiles para lidiar con la vida cotidiana; del mismo modo los hábitos repetitivos ayudarán a consolidar su personalidad y su desarrollo en la vida adulta.

Una rutina tras un trauma es fundamental para reducir la inseguridad y el miedo causados tras la ruptura de su realidad, pues esta proporciona calma, paz y tranquilidad. Es una forma de hacerles sentir útiles y responsables de lo que ocurre en su vida y en su entorno, mantenerlos ocupados y fomentar la perseverancia y la constancia al tiempo que restauran su confianza.

Asimismo es una forma de aliviar la carga para los cuidadores. A partir del diálogo, se pueden establecer rutinas que incluyan la participación de los pequeños en las tareas del hogar, al tiempo que se aliviana la carga que usualmente recae en los adultos. Todo cuidador podrá usar tareas simples, acordes a la edad de los menores, como un método de enseñanza y juego que pueda incluirse en la rutina cotidiana y que puedan servir para fomentar su sentido de responsabilidad, pertenencia, cuidado del espacio y autocuidado.

Claro que siempre habrá que recordar que las niñas y los niños se desarrollan en una primera etapa a partir de la imitación de los adultos que los rodean, principalmente de los padres; por ello es importante que, si se van a incluir actividades ligadas al cuidado del hogar dentro de sus rutinas, toda la familia participe en ellas y que los adultos repartan de forma equitativa —sin recargar la mano en las mujeres de la familia— el resto de actividades para mostrar con el ejemplo que la participación de todos en estas tareas es una forma de demostrar el amor. Estas tareas conjuntas sirven también para fomentar valores como la solidaridad, la cooperación, la organización y la proactividad, entre otras.

Si estas actividades se incluyen desde edades tempranas, los niños aprenderán que, más que ser una carga y una orden que viene de los padres, son actividades normales que se deben realizar y que tienen muchos beneficios.

Arifin-Cabo dice que lo que ocurre con la pandemia es que a niñas y niños se les está dejando fuera de la transición a la normalidad, y esto repercute en las relaciones familiares, en el desarrollo de los pequeños y en la sobrecarga de padres y madres que los tienen bajo su cuidado.

"Esto es una destrucción que no se pueden explicar, no entienden por qué no pueden ir a jugar con sus amigos o a la escuela, ni el miedo que ven en sus padres o que se difunde en las noticias, por eso es fundamental el esfuerzo en casa por crear rutinas que puedan mitigar estos efectos", enfatiza.

El esfuerzo abarca distintas áreas, pero el primer paso ya está dado. Esa preocupación innata por aprender herramientas para mejorar la vida de las niñas y los niños que tenemos alrededor es clave para poder fomentar cambios en su beneficio.

# Maternaje y paternaje 2.0

¿Cuántas veces hemos escuchado que para cambiar el mundo hay que mirar a nuestras niñas y niños? En lo personal, recuerdo esta frase desde mi niñez, muy específicamente en el año 2000, cuando muchas niñas y niños menores de 17 años asistimos a las urnas un 2 de julio para participar en una consulta infantil.

El lema era "México también cuenta contigo" y el entonces llamado Instituto Federal Electoral (IFE, hoy Instituto Nacional Electoral) instaló más de 14 mil puestos de votación en centros comerciales, jardines, espacios deportivos, plazas y colegios de todo el país. Uno iba a las urnas, en soledad, sin sus padres mirando lo que escribíamos en la boleta, para decir con honestidad y sin miedo lo que vivíamos en casa y en los colegios, lo que esperábamos de nuestras familias, de nuestra comunidad, de nuestro país. Era la época del cambio, según se anunciaba en todos los medios de comunicación, y esa consulta histórica, para muchos, significaba que éramos escuchados, que importamos.[1]

Dos décadas más tarde, pienso qué cambió desde entonces. Me pregunto si a los niños se les escucha más, si se les escucha mejor, si se validan sus necesidades y si se tiene mayor conciencia sobre la importancia de la infancia en el desarrollo de una persona y, por ende, en el futuro de un país. Me contesto que no hay una respuesta certera, que en un país tan grande y tan desigual, responder afirmativamente a esas preguntas sería mentir.

No ocurre solo en México, en diversos países del mundo el desarrollo integral de las niñas y los niños, su futuro, depende más que de una intención y del esfuerzo por superarse. Esa trillada frase de "el que quiere puede" es una forma de dejar la responsabilidad en individuos y no en un Estado que garantice sus derechos, porque en muchas ocasiones el bienestar y el desarrollo está delimitado por cuestiones tan simples como la geografía. Nacer en un lugar más pobre que otro, con menos posibilidades, limita, en muchos sentidos, el desarrollo de un menor.

Traigo esto a colación porque después de años de diálogo con diversos especialistas en infancia —pediatras, psicólogos, defensores de derechos humanos, rehabilitadores especializados en maltrato infantil—, en el que he buscado

[1] Instituto Nacional Electoral (2018). "Consulta Infantil y Juvenil 2000." Consultado el 1.° de noviembre de 2020. Recuperado de <https://www.ine.mx/consulta-infantil-juvenil-2000/>.

documentar por medio del ejercicio periodístico las vulneraciones contra este sector, siempre surge la noción de que para aspirar a ser una mejor sociedad tenemos que mirar a los niños, y casi de inmediato los especialistas resaltan la importancia de las relaciones familiares en este proceso.

Eso me lleva también a mencionar algunos hallazgos interesantes que surgieron con la investigación sobre maltrato infantil, enfocados en los riesgos que tenemos los adultos de maltratar a nuestros hijos, con énfasis en que el maltrato no es necesariamente físico, sino que puede ser psicológico o emocional. Estos riesgos están relacionados con la falta de planeación de los hijos, con prejuicios y estereotipos racistas o machistas, adultos poco tolerantes a la frustración, padres con problemas de drogas y alcohol, así como por las dificultades económicas que, sumadas a la falta de políticas públicas efectivas para la prevención del maltrato y la normalización de que quien está a cargo de un menor puede "castigarlo" físicamente para educarlo, crean un caldo de cultivo para que el maltrato se consume.

Año tras año, según las estadísticas analizadas en México, cientos de niños mueren como consecuencia de estos maltratos —un niño menor de 15 años cada dos días—, y si bien los modos de agresión varían con el tiempo, hay uno que aparece siempre constante: la negligencia. Esta ocurre cuando durante largos periodos los adultos responsables de la crianza privan a niñas y niños de los cuidados, la protección y el afecto que necesitan para tener un óptimo desarrollo integral. La negligencia puede tener consecuencias graves en materia de salud a raíz de la falta de alimentación, por dar algún ejemplo, así como psicológicas y neurológicas.

Recuerdo que la doctora María Teresa Sotelo, quien otrora tuviera una asociación civil especializada en maltrato infantil, señaló como punto clave que la ausencia de apoyo a madres y padres se reflejaba directamente en estas estadísticas, porque nadie sabe realmente cuál es la receta adecuada para ejercer estos roles. Sin embargo, resaltó, sí se sabía que cuando madres y padres tienen un respaldo familiar, social y del Estado, actores que fungen como apoyo en el ejercicio de su crianza, los riesgos tienden a bajar.

Volviendo al inicio de este capítulo, me parece que si queremos mirar a los niños como los agentes que van a cambiar el mundo después, primero tenemos que mirar a sus padres.

Sobre todo en tiempos de pandemia y pospandemia, donde precisamente esos riesgos que nos hacen susceptibles a convertirnos en maltratadores están más latentes por el estrés y la ansiedad asociados al aislamiento y la convivencia obligada, así como por los problemas económicos y el miedo a enfermar.

Esta es, sin embargo, una oportunidad para descubrir cómo nos relacionamos con nuestros hijos, analizar qué tipo de padres somos y qué nuevos caminos podemos recorrer para mejorar nuestra labor de crianza, sobre todo en tiempos inciertos, porque si bien no podemos cambiar el contexto de un país ni terminar de un día para otro con esas desigualdades arraigadísimas que obstaculizan el desarrollo integral de nuestros niños, sí podemos abonar a darles herramientas que los hagan enfrentar su realidad y su futuro.

## PATERNIDAD *VS.* PATERNAJE

Juan Martín Pérez (director ejecutivo de la Red por los Derechos de la Infancia en México, Redim, y secretario ejecutivo de la Red Latinoamericana y Caribeña por la Defensa de los Niños, Niñas y Adolescentes) considera que ha habido una evolución en las interpretaciones filosóficas, morales y legales sobre la diferenciación entre la reproducción biológica del ser humano y el ejercicio de ser madre o padre.

Desde su análisis, podemos ser padres o madres biológicos pero no asumir de forma consciente la responsabilidad que esto implica y que va más allá de proveer alimento, vestido y educación a una niña o niño. Por ello las paternidades pueden ser diversas: puedes ser madre o padre ausente, madre o padre arrepentido, madre o padre comprometido y una infinidad más de posibilidades. Por eso, él apuesta por los conceptos *maternaje* y *paternaje* como los más aptos para definir el ejercicio integral de la paternidad, es decir: ir más allá de la capacidad biológica de procrear y, en cambio, ejercer este acto de forma política, como una decisión de vida con la que una mujer o un hombre se compromete a guiar a un nuevo ser humano en el arte de vivir.

"Hablar de maternaje y paternaje como un acto político significa ceder a tu poder adultocéntrico para que niños y niñas puedan recibir una crianza basada en derechos y en igualdad, es hablar de una ruptura paradigmática que establece relaciones familiares más democráticas y horizontales, donde el poder está compartido", señala Juan Martín, psicólogo y defensor de derechos humanos.

Esta postura rompe completamente con la visión hegemónica de lo que es la paternidad, una visión que tiene como base los mitos que se han construido a partir de lo que socialmente se definió que es y debe hacer una mujer y de lo que es y debe hacer un hombre, siempre bajo el cobijo del sistema patriarcal.

El paternaje —un término que aplica tanto a la función paterna como a la materna— "es la disposición para estar ampliamente presente en tempranas etapas del proceso del crecimiento de un hijo, así como dispuesto y disponible, pero a una distancia creciente en forma paralela al proceso del desarrollo del niño", según definió la doctora Silvia G. Melamedoff de la Asociación de Medicina Psicosocial Argentina en el Congreso Interpsiquis 2012.[2]

---

[2] Silvia Melamedoff (2012). "Paternaje y función paterna." XIII Congreso Virtual de Psiquiatría. Consultado el 1.° de noviembre de 2020. Recuperado de <https://docplayer.es/45800607-Paternaje-y-funcion-paterna.html>.

Esta especialista, tras un recorrido entre diversos autores que se han especializado en el tema de la función paterna y materna, recoge la voz de la psicóloga americana Phyllis Chesler, quien argumenta que la ausencia de los padres tiene un gran impacto en la vida de las niñas y los niños, en el entendido de que la ausencia no es física, sino espiritual y emocional.

"Hablar de maternaje y paternaje es cambiar las representaciones sociales: el niño ya no es objeto de propiedad privada, el acta de nacimiento no es una factura del niño", explica Juan Martín Pérez. Lo que ocurre al cambiar de enfoque es el entendimiento de que la familia es un espacio de socialización, una forma de organización donde cada uno de sus integrantes tiene una equivalencia humana, en la que se transparenta el rol de cada uno de sus miembros y, por ende, se comprende que las obligaciones recaen en los adultos responsables y no en los infantes.

Bajo este modelo, los castigos y la violencia se rompen porque hay un pleno reconocimiento de los derechos de los niños, de su equivalencia humana y de su rol. Por ello, no hay cabida a nada que se haga de forma consciente con la plena intención de causarle un daño. Bajo esta línea, se avanza en la construcción de familias democráticas, que puede entenderse como la participación de todos sus integrantes en la búsqueda del bienestar común.

Este bienestar común, señala Juan Martín, se crea bajo la lógica de "todos nos cuidamos, todos participamos y todos decidimos". Así, todos los miembros reconocen la importancia de tener una casa limpia y ordenada, ahorrar o hacer una inversión, alimentarse sanamente y prevenir en materia de salud, entre muchas otras cosas; pero, sobre todo, a partir de ese reconocimiento, cada integrante se asume corresponsable y se compromete a aportar a ese bienestar común.

Desde la perspectiva del especialista, aunque aún nos queda un largo camino por recorrer en materia de crianza, la era covid ha traído aprendizajes y avances que se quedarán para los próximos años, cambios paradigmáticos que vinieron a afianzar otros que ya veníamos observando en la interseccionalidad de los derechos, la combinación del mundo virtual y presencial y el reconocimiento a las desigualdades.

Con las vivencias de la pandemia, los padres comenzaron a mirar de cerca las relaciones con sus hijos, se detectaron necesidades y carencias y, en general, se han podido repensar las representaciones sociales, el papel de las mujeres y los hombres en la sociedad, en las familias y como criadores de niñas y niños. La convivencia cotidiana ha impulsado esa búsqueda del bienestar común en muchos hogares y eso es algo que hay que resaltar y reconocer.

El paso siguiente será absorber los aprendizajes positivos para caminar a un mejor paternaje que impacte en la socialización fuera de casa, que aporte al desarrollo de comunidad en el entorno cercano, que cuestione los roles verticales, viejos, jerárquicos y patriarcales para que así, como dice Juan

Martín, niñas y niños puedan también sentirse comprometidos con su sociedad, con su país.

## Desmitificar a mamá y a papá

Tengo un cuerpo. Es un cuerpo que miro y reconozco con todo lo que es, lo que no es y lo que me dicen que es. Es un cuerpo femenino, un cuerpo que hizo que se me reconociera como mujer desde el momento en que llegué al mundo y mujer es el género con el que me identifico desde que tengo conciencia.

Con este cuerpo nací y crecí, y por sus características y el género que representa, la sociedad me ha asignado roles. Cuando niña, esos roles se veían reflejados en mi forma de vestir, en las indicaciones sobre cómo comportarme, en las órdenes de apoyar en las labores de casa —que no correspondían con las órdenes que se les daban a niños y adultos del género opuesto— y los juegos que tenía o no permitidos.

Así como yo, mis pares, los hombres, también tienen un cuerpo que les asignó un género —con el que pueden o no identificarse— y que marca también los roles que la sociedad establece para ellos.

Desde que nacemos, nuestro cuerpo define cómo se nos educará a lo largo de nuestra vida, las cosas que teóricamente podemos o no hacer, las oportunidades a las que tenemos acceso y las formas en que —también teóricamente— debemos construirnos. Se nos ha educado a partir de nuestro género asignado y la sociedad misma ha basado su existencia en esta división.

En su libro *Los cautiverios de las mujeres*, Marcela Lagarde habla de cómo desde el nacimiento —sobre todo cuando se trata del sexo femenino—, los seres humanos son esperados y recibidos con un destino. "Las niñas nacen madres y lo serán hasta la muerte", escribe la antropóloga feminista en relación con estos roles que se nos asignan por nuestro género.[3]

A diferencia de lo que ocurre con los niños, a las niñas desde muy pequeñas se nos prepara social y culturalmente para la maternidad, algo que podemos ver —y quizá recordar en nuestras propias historias— en una pequeña que juega con una muñeca, por medio de la cual puede abrazar esta representación del rol social asignado a las mujeres, aun a una edad muy temprana y sin pleno entendimiento del trasfondo que esconde la divisón en los juegos infantiles.

Si volteamos a ver nuestro pasado, sin importar nuestro género, seguro encontraremos rastros de esa educación basada en los roles de género, y si hacemos un ejercicio de autoconocimiento, probablemente también hallemos en esa educación primaria, que provino de nuestro núcleo familiar,

---

[3] Marcela Lagarde y de los Ríos (2015). *Cautiverios de las mujeres: Madresposas, monjas, putas, presas y locas.* Ciudad de México: Siglo XXI, pp. 304-305.

muchas de las respuestas a lo que somos hoy y, sobre todo, de cómo ejercemos nuestro papel de madre o padre.

La escritora Kate Millet, feminista de la segunda ola, explica en sus diversas obras que el patriarcado está completamente arraigado en todas las formas políticas, sociales y económicas que convergen en las sociedades. En este sentido, las familias, la educación en las aulas y en los hogares están cubiertas por su velo. En su libro *Política sexual* detalla que el patriarcado se sustenta en el poder sobre el otro en un acto de dominación ejercido no solamente para con las mujeres, sino también para con los más jóvenes, niñas y niños que dependen por completo de un adulto que, bajo una visión patriarcal, es superior a ellos.

Lagarde señala, por ejemplo, que los opresores patriarcales no son solo los hombres por ser hombres, sino también sus instituciones y sus normas; es decir, todos crecimos, aprendimos y nos desarrollamos a partir de lo que este sistema estableció. Por ello, señala, "no es casual que las mujeres, a la vez que son objeto de la opresión, ejerzan en ciertas circunstancias el poder patriarcal sobre otras mujeres, sobre menores, sobre enfermos y otros desvalidos".[4]

Señalo esto porque es importante saber por qué nos educaron como nos educaron y hasta dónde llega la raíz de nuestro ejercicio de la paternidad, que por lo general es contraria a lo que diversos estudios —relativamente

[4] *Ibid.*, pp. 95-96.

recientes— recomiendan como la práctica saludable que creará resiliencia en niñas y niños, que tiene como base el respeto mutuo, la integridad, el amor, el derecho a una vida digna y libre de violencia, el bienestar y el sano desarrollo integral, entre otros derechos humanos irrevocables. Me refiero a paternidad y no paternaje porque este, como ya he mencionado, implica una posición política en la crianza que se ejerce —más adelante hablaremos de la transición de un concepto a otro en la práctica—.

Esos roles de género están constituidos a base de mitos, conceptos vacíos, saberes confusos formados de asociaciones débiles que justifican las creencias sociales, en este caso, de lo que es un hombre y una mujer, así como de lo que es una madre y un padre. Están conformadas por conceptos abstractos y nebulosos, cuya coherencia depende de la función para la que fueron creados.

Estos mitos que se han afianzado en los roles de género han definido históricamente la vida de las personas; al ser conceptos vacíos, traen consigo una serie de problemas, frustraciones, dolores y violencias que dañan no solo a los individuos sino a la sociedad entera y, sin embargo, funcionan porque son conceptos que se han repetido a lo largo del tiempo y que están sobrerrepresentados en los medios de comunicación, en el espacio público, en las políticas públicas (o en la ausencia de ellas), en los discursos oficiales y en la interacción familiar.

Algunos de los grandes mitos son, por ejemplo, decir que todas las mujeres deben de ser madres porque están hechas para ello y que los hombres como padres se deben limitar solamente a la procreación y a la proveeduría.

En su libro *Madres arrepentidas*,[5] la socióloga Orna Donath desmitifica precisamente la imagen de la madre perfecta y la idea de que todas las mujeres deben y quieren ser madres, que el ser madre es algo natural que todas debemos ejercer y que por ende no tiene dificultades ni arrepentimientos, pero sobre todo señala la responsabilidad de la sociedad en la construcción de estos mitos. Donath quita la carga de los hombros de las madres que dejan todo por cuidar a sus hijos y lo pone en el de las sociedades occidentales que "parecen eximirse de haber empujado a todas y cada una de las mujeres que se consideran física y emocionalmente sanas no solo hacia la maternidad sino también hacia la soledad".

Donath pone especial énfasis en este abandono de la sociedad y lo recarga en las mujeres que tienen a los hijos que alimentan esa sociedad, algo muy similar a lo que Lagarde detalla en *Los cautiverios de las mujeres*, donde habla de la maternidad como un trabajo no reconocido que sustenta la existencia de la sociedad en todos sus ámbitos, desde el más básico, que es crear personas que la conformen, hasta la educación que las madres imparten a sus hijos con el fin de que se inserten en cierta cultura; este trabajo no reconocido incluye también el hecho de que el cuerpo funge como la

[5] Orna Donath (2016). *Madres arrepentidas*. Barcelona: Penguin Random House.

herramienta de trabajo que se desgasta, que se daña, no solo física sino también emocional y psicológicamente.

Uno de los ejercicios más reveladores que, desde mi punto de vista, dejó la pandemia fue un libro llamado *A muchas voces*, creado por madres mexicanas que escribieron sobre las obligaciones extra que incrementaron la desigualdad de género y la disparidad en las labores de crianza. A través de un taller impartido por la escritora Isabel Zapata y gestionado por Traspatio Librería, crearon en conjunto uno de los textos más interesantes del proyecto: un manifiesto sobre la maternidad.

En el llamado "Manifiesto de madres en pandemia",[6] este grupo de mujeres declara: "Una vez más se confirma que lo personal es político: en plena emergencia sanitaria, son en su mayoría mujeres las que se encargan de que los hogares contengan y abracen a la población que lo necesita". Luego, enuncian que la maternidad, contrario al mito que la rodea, es una experiencia singular que depende de las condiciones de vida de cada persona. Su mensaje es fuertísimo, poderoso, porque asumen una postura política sobre el rol que ejercen, no solamente en el sentido estricto de la crianza sino también de ellas como criadoras, de sus cuerpos maternos, de su individualidad y de sus contextos desiguales en un mundo que las encasilla solo en la actividad de maternar.

---

[6] Participantes del taller "Pequeñas labores. Escritura desde la maternidad" (2020). *A muchas voces. Escritura desde la maternidad*. México: El Traspatio.

Así como se han abordado los mitos en relación con la maternidad, también se han abordado aquellos mitos sobre la paternidad que han marcado históricamente las relaciones de padres varones e hijos.

En el artículo "Padre o progenitor. El paternaje, su conceptualización",[7] los autores abordan ese mito de que la mujer es igual a madre o igual a familia, como si fuera mero instinto tener este rol, mientras que a los hombres se les ha envuelto en mitos como que el amor masculino es igual a sexo y placer matizado por agresividad erótica, sin contemplar en esta ecuación el binomio hombre-padre.

Los especialistas desmenuzan a lo largo de este texto las diferencias entre las dinámicas que se han establecido para mujeres y hombres, en las que se impide que los segundos expresen sus sentimientos y sean pensados como agentes activos, más allá de la mera concepción, en el desarrollo de un hijo.

Si a las mujeres se les liga directamente con el ejercicio de la maternidad, a los hombres se les pierde de vista, se les excluye del proceso y se les relega como meros proveedores, testigos lejanos de la relación que se gesta entre madres e hijos.

Padres y madres están condicionados por los roles de género que se han establecido para cada uno, se trata de ese

---

[7] Ignacio González Labrador, Rosa María González Salvat y Emilia Miyar Pieiga (2002). "Padre o progenitor. El paternaje, su conceptualización." *Revista Cubana de Medicina General.* Consultado el 1.º de noviembre de 2020. Recuperado de <http://scielo.sld.cu/scielo.php?script=sci_arttext&pid=S0864-21252002000400012>.

orden simbólico, la constitución no escrita de la sociedad que describió Slavoj Žižek en *¿Cómo leer a Lacan?*,[8] es decir: esa segunda naturaleza que dirige y controla todos los actos del ser humano que pertenecen a determinada sociedad y que nos lleva a tomar decisiones en apariencia libres, supuestamente como resultado de una elección propia, aunque no son más que decisiones impuestas.

La fortuna de que estas creencias sean mitos, por más arraigadas que estén, es que no son eternas, los mitos no son naturales, "no surgen de la naturaleza de las cosas", sino que se insertan para fines específicos en momentos precisos de la historia y, al dar un significado arbitrario a las cosas, su deterioro es inminente. Por ello, al hablar de la maternidad y la paternidad, estos conceptos y las ideas preconcebidas que traen consigo pueden ser desmitificadas; he ahí lo poderoso de dar el paso al maternaje y el paternaje, esa postura política que va más allá de la concepción, de los roles de género y que rompe con la heteronormatividad impuesta.

## Ser madre y padre desde lo político

La desigualdad ha orillado a gran parte de la sociedad a vivir al día, resolviendo sobre la marcha todo conflicto que va surgiendo, sorteando obstáculos, uno tras otro, sin poder

[8] Slavoj Žižek (2008). "Lacan contra el complot de la CIA." En *Cómo leer a Lacan*. Argentina: Paidós, pp. 18-22.

profundizar en cómo hacemos las cosas, cómo nos desarrollamos y cómo nos relacionamos en cada uno de nuestros espacios. Padres y madres trabajan por igual, si bien las sociedades han avanzado en la apertura al desarrollo de las mujeres como individuos más allá de los roles de género, aún no se reconoce el trabajo de cuidados —que sigue recayendo en mayor medida en las mujeres— como actividades que aportan directamente al desarrollo económico y social de un país.

Esto, no es ningún secreto, ha creado generaciones enteras de hijos que han crecido solos, con figuras a las que están unidos por un lazo sanguíneo, pero que no terminan de reconocer. La pandemia, sin embargo, los ha hecho reencontrarse. Y muchas madres y padres han comenzado a caminar de la paternidad hacia el paternaje en este proceso como una consecuencia de la cercanía que la crisis ha traído. Pero no es fácil: al tiempo en que se adquiere mayor conciencia y cercanía, surge la necesidad de subsistir económica, emocional y psicológicamente.

A la pregunta expresa de cómo se puede combinar, literalmente, la subsistencia cotidiana con un paternaje efectivo, Juan Martín Pérez ofrece varias pistas. La primera es regresar al territorio personal de nuestro cuerpo y nuestro entorno inmediato: deconstruirnos.

La deconstrucción no es algo que se realiza un día y al otro se despierta uno siendo otra persona, con mayor conciencia y apertura al cambio; tampoco es un acto finito, sino constante y tiene que pasar sí o sí, por asumir que vivimos bajo el velo de un sistema patriarcal que, como ya hemos explicado, determina muchas de nuestras acciones. Esta deconstrucción pasa también por el reconocimiento de nuestros privilegios y de las carencias del otro, así como por nuestros actos de dominio sobre otros, conscientes e inconscientes, que nos permiten las desigualdades económicas, sociales, de edad, de género. La deconstrucción es precisamente detectar la influencia del patriarcado en nuestras relaciones e interacciones, conmigo y con el resto, para empezar a mudar de piel.

Esta deconstrucción, si bien se revela en la crianza, no se queda ahí. Sale de los hogares para comprender los privilegios y desigualdades que rondan nuestras relaciones, para a partir de eso apelar a que con nuestros actos cotidianos puedan combatir desde la propia trinchera la desigualdad estructural y social. Pérez agrega:

> Es asumirnos como parte de un ecosistema, asumir que somos corresponsables de lo que pasa a nuestro alrededor y transmitirles esto a nuestros niños y niñas, que comprendan la complejidad de esta interacción, que no somos más importantes que el resto, que no estamos por encima de la naturaleza. Para ello, primero lo asumimos como individuos, luego como padres y luego como miembros de una sociedad.

Desde la visión del defensor de los derechos de la infancia hay tres planos de trabajo que convergen entre sí y que corresponde atender a todos los miembros de la sociedad, sin importar si somos o no padres.

El primero es exigir políticas públicas para el fortalecimiento de la diversidad familiar, que se reconozcan las necesidades de cada tipo de familia acorde a su contexto para permitir el goce y el ejercicio de derechos de los integrantes y que, bajo esa lógica, los derechos e intereses de los niños no choquen con los de los padres. Este enfoque permite también que se deje de mirar desde el Estado bajo la visión conservadora que dice que los niños y las mujeres son objetos de propiedad.

El segundo, exigir interinstitucionalidad: que todas las dependencias estén coordinadas entre sí para vigilar y garantizar el ejercicio de los derechos.

El tercero, la propia trinchera, aquel que tiene que ver con tu experiencia vivencial, con tu propio cuerpo, con tu entorno inmediato. Desde la experiencia de Juan Martín, quedarnos solo en este tercer punto no es suficiente: "Hay que entender la complejidad que implica, no es solo quedarnos en la noción idealista de si yo cambio, cambia el mundo. No es así. Necesitamos comunidad, institución y Estado".

De estas tres interacciones pone algunos ejemplos. Está lo que puede suscitarse en la comunidad educativa, que tiene entre sus miembros a padres, niños, maestros y autoridades escolares. Un espacio en donde, a partir del diálogo y entre todos sus integrantes, se pueden comenzar a señalar aquellos casos de educación vertical, patriarcal, que tienen como base la violencia. "Es volvernos incómodos con el ejemplo", dice Pérez. Es compartir nuevas formas de enseñanza que se aplican ya en casos particulares para mostrarles a otros que es posible otra forma de educar, libre de violencia, y además acorde con lo legalmente establecido.

Lo mismo con el tema de educación sexual: entre más personas comiencen a hablar de la importancia de educar sexualmente a los pequeños desde edades tempranas, el chip puede comenzar a cambiar entre aquellos que aún tienen prejuicios para explicar a partir de las propias vivencias que la educación sexual integral no es un tema de genitalidad, sino de apropiación del cuerpo: decidir sobre tu cuerpo, reconocerlo, tus placeres, limitaciones y cuidados. Entonces quienes son reacios a estos cambios, a esta información vital, podrán entender que la educación sexual habla de comer sano, de hacer ejercicio, de consentimiento. Como menciona Pérez:

> Es cambiar paradigmas. Cuando comienzas a insertar eso en la práctica y esto se comparte, cambian las perspectivas en nuestro actuar cotidiano. Todo esto está vinculado a la construcción de ciudadanía, porque cada acción tiene un impacto en el entorno y niñas y niños van incorporando la educación sexual integral, la ética, el bien común, respeto y cuidado del cuerpo. Así se construyen nuevos mundos.

Para el especialista, aunque suene utópico este modelo, no es imposible. Existen ejemplos en Europa, en los Países Bajos, donde se conjugan los tres elementos que mencionamos: políticas de Estado, interseccionalidad en las instituciones y en los servicios, y el papel de la sociedad.

"Yo sé que esto no tiene una solución inmediata ni pragmática, pero desde la mirada de la complejidad, cada acción y cada cosa que hagamos nosotros, puede tener un impacto institucional y a la vez generar política pública y viceversa, desde la política pública cambiar y transformar instituciones que cambian la experiencia vivencial de las personas."

## Cuidado con el optimismo tóxico

Si bien la pandemia nos ha obligado a repensar nuestras relaciones con niñas y niños al tiempo que nos ha instaurado la conciencia de que se necesita estimular habilidades sociales para la vida, entre ellas la asertividad o la inteligencia emocional, el especialista advierte que hay que tomar distancia del llamado optimismo tóxico.

"Hay que reconocer que somos volátiles emocionalmente y que ninguna emoción es negativa, que todas nos enseñan algo."

El manejo emocional dentro de una familia y a nivel individual no se trata de evitar sentir enojo, tristeza o desesperación, sino de poder verbalizar esas emociones, entender de dónde viene el sentimiento y atenderlo antes de que se vuelva un conflicto. Esto es relevante en el ámbito familiar porque ser padre o madre "no es una responsabilidad heroica o abnegada" y es esencial reconocer que es válido sentirse rebasado.

"Por ello es tan importante el fortalecimiento de la diversidad familiar, porque si una familia no tiene condiciones para garantizar los derechos de los niños, el Estado tiene que intervenir y apoyar. No para separarles sino para dar soporte."

Esta parte cobra total relevancia en el confinamiento y la pandemia, donde hay desempleo masivo sin que el Estado dé soporte ni atienda las necesidades que están surgiendo a raíz de esto, dejando la carga completamente en las unidades familiares. Esto se ha visto reflejado en el incremento de divorcios, conflictos parentales, sustracción de niños y niñas tras una separación, violencia dentro del hogar, y todo porque no se complejiza, no se analiza a profundidad el origen del problema y las emociones que surgen de esos problemas y que nada tienen que ver con sus núcleos familiares, pero que terminan desembocando en ellos: en las parejas, en los hijos, en los padres.

"Mientras tanto, el Estado feliz porque se eximió de la responsabilidad, y los empresarios todavía más porque la gente tendrá la necesidad de trabajar más para evitar estos conflictos."

No caer en un optimismo tóxico se traduce en resiliencia. No se trata de ser pesimista, sino de afrontar la realidad tal cual es y reconocer también que hay cosas que salen de nuestras manos, algo que solo puede venir a partir del pensamiento crítico. Lo que ocurre importa, lo que ocurre tiene consecuencias, lo que ocurre va a dejar marcas. La pregunta es qué tipo de marca quiero conservar de esta experiencia.

En este proceso a la construcción de la llamada "nueva normalidad" habría que asimilar, primero, que esta es la normalidad instaurada actualmente y que no es una normalidad genérica, que es imposible tener una normalidad idéntica en un país tan desigual.

Hay quien vivió la pandemia aislado, frente a una pantalla, en vida sedentaria; otros más, sobreviviendo con trabajos precarios, jugándose la vida por sobrevivir. Como dice Juan Martín, no estamos en el mismo barco, estamos en la misma tormenta. Y es una tormenta que no va a ser única; la propia Organización Mundial de la Salud ya advertía de la posibilidad de una pandemia como parte del ciclo natural de la existencia, así como también ha dicho que no será la única.

En medio de este escenario semiapocalíptico, sobrevivir es la meta. Pero al mismo tiempo nos fortalecemos, crecemos, nos adaptamos. En medio, el cambio de mirada: del adultocentrismo a la inclusión, a la capacidad de agencia que tienen niñas y niños. Al final, ellos son el futuro.

# Reencontrarse en una pandemia

Una madre de tres pequeñas menores de siete años de pronto se encuentra las 24 horas de los siete días de la semana al lado de sus hijas. Se sorprende, se asusta y se dice confundida. Las niñas a las que ha criado parecen otras, ajenas a la imagen que había construido de ellas. "Las tenía completamente romantizadas", escribe sobre su experiencia con la pandemia del covid-19 en una encuesta virtual que lancé como parte de este proyecto. El aislamiento, el encierro, la convivencia obligada, la hizo conocer el lado B de sus pequeñas, la parte no positiva de su comportamiento. Entonces surgió la pregunta: ¿qué hacer con esto?

La experiencia que esta madre nos comparte no es única; en el mundo entero, padres y madres se encontraron con sorpresas similares en sus hogares con la llegada de la pandemia. En la era precovid, pocas eran las familias que convivían a los niveles que la emergencia sanitaria instauró. Miles de niñas y niños crecieron sin la compañía de sus padres, cuidados por sus abuelos, otros familiares o los mismos colegios, y de pronto ocurre un inesperado reencuentro obligado, como cuando se deja de ver a un viejo amigo y de repente coinciden en un mismo lugar y se aprecian los cambios, las diferencias, y se advierte que a aquel al que se solía conocer, ya no se le conoce tanto.

"La pandemia nos reveló que no conocemos a nuestros hijos y ellos tampoco nos ubican como los papás 24/7 porque las familias no estábamos acostumbradas a eso", asegura Montserrat Camacho Besoy, especialista en terapia infantil y adolescente en la Clínica de Atención Psicológica Integral (CAPI).

Hasta su consultorio en la Ciudad de México han llegado padres y madres que no saben qué música escuchan sus hijos, quiénes son sus amigos, qué juegos son sus favoritos, qué materia les aburre, qué *hobbie* les gustaría practicar, a quién admiran, a qué le temen. Si los padres miran en retrospectiva, quizá encuentren que tras el nacimiento de sus hijos el tiempo que pasaron juntos era escaso porque desde muy jóvenes los llevaron a la guardería para poder ir a trabajar, y muy probablemente desde entonces el tiempo que convivieron era aquel que sobraba tras una larga jornada laboral, en la cena, antes de dormir.

Al principio de la pandemia había la esperanza de que este evento fuera de corta duración, como ocurrió en 2009 con la influenza H1N1, la epidemia que surgió en México y que también implicó una cuarentena, pero cuya naturaleza dio pie a que las autoridades de salud pudieran controlar sus efectos con rapidez. En contraste, el virus SARS-CoV-2, al menos al momento en que este libro se escribe, no ha sido controlado ni se ha encontrado una cura y, aunque ya comenzó el proceso de vacunación en el mundo —en México hay al menos cuatro distintos tipos de vacunas pactados—, la esperanza está a la espera mientras se mantienen la ansiedad y la desesperación por no verle fin a la crisis.

Encerrados juntos, bajo los mismos muros, esas demandas naturales de niñas y niños que se cubrían en los espacios escolares —el primer espacio que se cerró de forma oficial y por no ser considerado prioritario y cuya reapertura se retrasó durante meses— a través de actividades extracurriculares o bajo el cuidado de algunos otros familiares quedaron exclusivamente bajo los hombros de quienes los trajeron al mundo o de quienes tienen la responsabilidad de criarlos. Esto se tradujo en miedo y ansiedad en los cuidadores ligados a la conciencia de la verdadera relación que tienen con sus hijos.

Sin restarles importancia a los retos que la nueva convivencia ha implicado, la sugerencia de los especialistas es comenzar a transformar esos miedos, la ansiedad y la desesperación en acciones que permitan sacarle provecho a este evento atípico, como por ejemplo involucrarse activamente en el desarrollo de los integrantes más jóvenes y ofrecerles esas herramientas que los impulsen a ser mejores cada día.

Decirlo así suena fácil y simple, pero sabemos que no es un camino tranquilo, que puede ser un recorrido atropellado, espinoso y agotador. La psicóloga Montserrat Camacho dice que no hay que olvidar que todos los miembros de la familia han vivido un duelo porque todos han perdido algo: las y los pequeños, sus rutinas, a sus amigos, su ciclo escolar, fiestas, deportes, convivencia; los padres, en mayor medida, perdieron esa cierta libertad que la vieja cotidianidad les ofrecía, a sabiendas de que sus hijos estaban bien en el colegio o con otro familiar. Todo esto supone situaciones estresantes en la dinámica familiar, retos a superar y conflictos que habrá que paliar. Para ello hay que tener presente que todo esto forma parte de un proceso de adaptación que nos llevará a consolidar a las personas que seremos en el futuro. Según plantea la psicóloga entrevistada, sacarle el máximo provecho a este periodo de transición nos ayudará a reconocer a nuestros seres amados y construir nuevas relaciones funcionales para todos los miembros de la familia.

## ¿CÓMO CONSTRUIR UNA NUEVA NORMALIDAD?

Una pandemia no es una cosa menor. La última vez que el mundo vivió algo parecido fue hace más de 100 años, cuando en 1918 el virus H1N1 con genes de origen aviar surgió en Estados Unidos, se esparció por el mundo y contagió a un tercio de la población mundial de aquella época. Provocó la muerte de 50 millones de personas en todo el planeta.[1] Esto quiere decir que salvo algunos supercentenarios que puedan haber vivido este momento histórico y que sigan con vida, la mayoría de quienes actualmente habitamos la Tierra no tenemos noción de cómo enfrentar una situación así.

Al principio de la pandemia de covid, tras decretarse la obligatoriedad de quedarnos en casa, se abrió ante nuestros ojos toda una gama de posibilidades: adquirir hábitos de lectura, hacer ejercicio y estar más en forma, tomar cursos y talleres por todos lados, aprender a hacer algo que nunca antes hubiésemos hecho y, así como con nosotros mismos, intentamos fomentar todo esto en los más pequeños; sin embargo, conforme fue evolucionando la pandemia, detectamos que llevar a cabo estas exigencias autoimpuestas era más difícil de lo que pensábamos.

Lo que vivimos es atípico, anormal, estresante y doloroso, y por ello no podemos ser tan duros con nosotros mismos. Por ende, tampoco podemos serlo con los más pequeños. Ante un panorama anormal, la crianza no puede ser normal. Lo normal en una situación así es centrar los esfuerzos en el estado emocional de adultos y niños, mantener una dinámica familiar positiva; todo lo demás irá fluyendo, todo momento de crisis —como ya bien nos ha explicado Pressia

---

[1] Centros para el Control y la Prevención de Enfermedades (2019). "Pandemia de 1918 (virus H1N1)." Consultado el 20 de octubre de 2020. Recuperado de <https://espanol.cdc.gov/flu/pandemic-resources/1918-pandemic-h1n1.html>.

Arifin-Cabo en un capítulo anterior— termina, transita a una nueva forma de entender y vivir el mundo.

"Es hora de bajar nuestras expectativas. Usted no puede hacer todo lo que normalmente hace como padre, empleado o miembro de la sociedad", señala el Child Mind Institute, una organización sin fines de lucro dedicada a transformar las vidas de los niños y las familias que luchan contra la salud mental y los trastornos del aprendizaje.[2]

Como consecuencia, lo que ha ocurrido es que nos hemos replanteado las prioridades que tenemos en la vida, así como también hemos bajado las expectativas de lo que buscábamos lograr en este tiempo en casa con nuestros hijos; sobrevivir requiere mucha energía y acción cotidiana, aunque no lo veamos. En este replanteamiento, cuando de enfrentar el miedo y la ansiedad se trata, hay que recalcar que solo la seguridad y el amor para con los más pequeños podrán construir resiliencia; nadie puede aprender si no se siente bien emocionalmente, si no tiene tranquilidad y la mente en paz, libre de estrés, enojo o preocupación.

La familia, la salud física y emocional, los amigos, la seguridad y la estabilidad vuelven a colocarse en el centro de la discusión, y claro, puede haber una lucha constante entre esto y la vida cotidiana que nos sigue exigiendo trabajar

---

[2] Gia Miller (2020). "Crianza en tiempos del COVID-19: manejar la ira y frustración." Child Mind Institute. Consultado el 20 de octubre de 2020. Recuperado de <https://childmind.org/article/crianza-en-tiempos-del-covid-19-manejar-la-ira-y-frustracion/>.

arduamente —a veces en condiciones precarias— para poder subsistir en medio de una crisis económica; pero es en ese ir y venir que el consejo toma mayor relevancia porque son justo las prioridades reveladas las que nos harán encauzar nuestra energía y esfuerzo a esas áreas que quizá antes no teníamos tan presentes porque nos parecía que siempre estarían ahí. Es ahí donde los especialistas ven la oportunidad de construir una nueva normalidad tras esta experiencia.

Si bien algunas madres y padres han encontrado en estos momentos de pandemia y aislamiento la posibilidad de conocer a sus hijas e hijos, de tener más pláticas familiares e involucrarse en sus temores y preocupaciones, pero también en sus sueños y anhelos, hay algunos otros cuya experiencia se ha tornado conflictiva. Todos estos son procesos normales de reconocimiento y entendimiento que cada familia va viviendo a su propio ritmo.

"Es momento de decirles a nuestros hijos: 'Tengo la oportunidad de poder estar más tiempo contigo, voy a poder supervisar mejor tu desarrollo y voy a apoyarte con herramientas' ", señala Camacho.

## Crianza positiva

Hay algo que no podemos olvidar: las personas somos seres biopsicosociales, es decir que estamos integrados por factores biológicos, psicológicos y sociales.

Cuando nacemos venimos casi en blanco, salvo por cierta información precargada en los genes que establece el aspecto innato de nuestra personalidad. En psicología, esto se llama temperamento y marca nuestra resistencia, sensibilidad, adaptabilidad y nuestras reacciones iniciales ante ciertos estímulos. A medida que vamos creciendo, desarrollamos nuestro carácter, esos rasgos que aprendemos durante la infancia temprana y que, por medio de la crianza, establecen los hábitos que definirán nuestro funcionamiento, es decir, los cimientos de quien somos. Estos dos ámbitos, en conjunto, conforman nuestra personalidad.

Saber esto es imprescindible para entender lo que implica la crianza; los cuidadores son los responsables de establecer esos cimientos que definirán la persona que ese niño o niña es y será por la mayor parte del tiempo de su vida; pues, como si se tratara de los cimientos de una casa, lo aprendido en la etapa temprana del desarrollo de una persona difícilmente se podrá modificar cuando llegue a la vida adulta. Y son los padres los que brindan los conocimientos para el buen comienzo de la vida de niñas y niños, con protección y guía, para prepararlos en el proceso de su independencia.

Por eso los especialistas en infancia llevan años impulsando el modelo de crianza positiva como la herramienta más útil para construir niñas y niños resilientes, para que puedan enfrentar desde pequeños los obstáculos que la vida les va presentando, sin secuelas que puedan alterar su sano desarrollo.

El estilo de crianza positiva se basa en el respeto a los hijos, en el reconocimiento de sus derechos y su autonomía. Tiene como principal objetivo educar con amor por medio de conductas no violentas.

Más allá de dar una definición específica, podríamos decir que con la crianza positiva se busca que el respeto que se practica hacia las niñas y los niños se refleje de igual manera de ellos hacia sus cuidadores; se trata de construir relaciones de respeto mutuo que los menores puedan replicar fuera de casa, sin violencia y de forma constructiva.

Este modelo apuesta por poner el foco en las fortalezas de los pequeños en vez de intentar corregir a toda costa sus puntos débiles, así como en reconocer, recompensar y reforzar conductas e impulsos positivos a través de la empatía, la calidez y el apoyo. Este esfuerzo tiene una gran recompensa: niñas y niños aprenden a comportarse de manera cooperativa y constructiva, son independientes, gozan de alta inteligencia emocional y son, por ende, resilientes.

Algunos beneficios que psicólogos alrededor del mundo han encontrado en este modelo es que mejora el desarrollo socioemocional y reduce las conductas disruptivas, como la hiperactividad, la agresión y la angustia por separación. Además, mejora su rendimiento educativo y las niñas y niños adquieren capacidades para hacer frente a situaciones estresantes y a sus efectos físicos y mentales.[3]

---

[3] National Childbirth Trust (2019). "What is positive parenting and how is it done?" Consultado el 20 de octubre de 2020. Recuperado de <https://

A diferencia de los métodos tradicionales de crianza que se basan usualmente en castigos y premios a partir de los cuales se establece una relación vertical, de poder y dominio —es decir, patriarcal—, pues dan pie a la violencia psicológica y, en algunos casos, física, la crianza positiva tiene su base en derechos y obligaciones; por ello apuesta por relaciones democráticas, basadas en la escucha y el diálogo, en la validación de emociones y sentimientos y, sobre todo, en el reconocimiento de niñas y niños como sujetos de derechos, individuos con voz, con la capacidad de participar en la toma de decisiones, según su edad.

No se trata de ser permisivos ni dejar que el niño asuma el control total ni la autoridad para violar las reglas o los límites necesarios para su desarrollo y autonomía. La crianza positiva es un punto medio entre ese extremo y el otro que apuesta por la rigidez, en el que, como ya mencionamos, el adulto manda y el niño obedece, ya que está exclusivamente subordinado a la visión de sus cuidadores.

Los padres que implementan modelos de crianza positiva reconocen a sus hijos como seres independientes, con su propia idiosincrasia, pero que conocen las reglas acordadas y son responsables de cumplirlas, o bien, de asumir las consecuencias de no seguirlas, previamente establecidas.

Las características de los padres que ejercen este modelo es que son personas cálidas, afectuosas con sus hijos, pero

---

www.nct.org.uk/life-parent/parenting-styles-and-approaches/what-positive-parenting-and-how-it-done>.

al mismo tiempo firmes con las reglas, con expectativas reales sobre el comportamiento y las capacidades, acordes a la edad de sus hijos.

## Oportunidad de oro

Dentro del caos que provocó la pandemia al alterar las rutinas familiares y el estado emocional de los integrantes, hay una pequeña luz que puede alumbrar la pesadez que ha dejado: la oportunidad de cambiar el foco en la crianza que estamos ejerciendo.

Montserrat Camacho tiene años dominando el terreno de la terapia individual para niños y adultos. Se ha especializado en psicoterapia infantil, lo que le ha permitido volverse una guía para muchos padres de familia que se acercan a CAPI con la intención de cuidar su salud mental, al tiempo que buscan convertirse en una mejor guía para sus pequeños.

En su experiencia, es fundamental que papás y mamás que buscan más y mejores herramientas para su crianza trabajen en sí mismos. Como un primer paso, recomienda comenzar con el manejo de emociones.

"Es común que algunos padres lleguen al consultorio y me digan: 'Doctora, no me gusta que mi hijo sienta tristeza' ", cuenta.

Y este enfoque es precisamente lo que nos debe hacer mirarnos a nosotros mismos, preguntarnos por qué vemos como algo negativo un sentimiento como la tristeza y por qué apostamos por bloquear esta emoción en nuestros hijos y hasta en nosotros mismos. Cuando los adultos le enseñamos a un pequeño que está mal sentir tristeza o enojo, lo que ocurre es que aprenden a bloquear esa conducta y, contrario al objetivo con el que se hace, esto no evita que sientan esas emociones, sino que hace que las guarden, las repriman; sin embargo, estas eventualmente encontrarán la forma de salir.

"Hay que enseñarles a nombrar lo que sienten y la mejor forma es expresando nosotros mismos lo que sentimos." Con la pandemia, al pasar tanto tiempo juntos, recomienda la psicóloga, sería de gran valor que los padres puedan expresarse, decir: estoy triste, estoy desesperada, estoy enojado. "Entonces nuestros hijos van a ver esto y van a aprender a manejar sus emociones a partir de cómo las manejo yo como mamá o como papá."

Esta mirada es ajena a lo que ella llama la visión dominante de la crianza en países como México, donde aún se valida la violencia verbal, psicológica y física como modelo de crianza; no es raro que se usen métodos punitivos —con fuerza física e intimidación verbal— para conseguir conductas deseadas.

De acuerdo con la Encuesta Nacional de Niños, Niñas y Mujeres (ENIM, 2015), enseñar a las niñas y los niños a tener autocontrol y un comportamiento aceptable forma parte integral de la disciplina infantil en todas las culturas. Esto implica orientarlos para que aprendan a manejar sus emociones o conflictos de modo que desarrollen el buen juicio y la responsabilidad, al tiempo que preservan su dignidad, autoestima, integridad física y psicológica.[4]

Sin embargo, esta encuesta arrojó que solo tres de cada 10 niñas y niños son educados con métodos de crianza no violentos; el resto de los menores de entre uno y 14 años encuestados experimentaron agresiones psicológicas, castigos físicos y violencia severa (esto incluye golpes en la cabeza, orejas y cara o golpes fuertes constantes) como método de disciplina. Hay que recalcar que este análisis no encontró variaciones relevantes relacionadas al índice de riqueza de las familias: desde los más pobres hasta los más ricos apuestan por la violencia como el método de disciplina para sus hijos.

La encuesta descubrió que la mayoría de los hogares emplea una combinación de prácticas disciplinarias violentas, lo que refleja que los cuidadores desean controlar la conducta de los menores de cualquier forma, algo que contrasta con otros datos hallados: solo 5% de los encuestados cree que la violencia es necesaria para educar a las niñas y los niños. Esto es un síntoma de que las cuidadoras y los cuidadores sí están interesados en ejercer una paternidad no violenta, pero que —a decir de los investigadores— faltan herramientas para apostar por la vía pacífica de la educación.

---

[4] Instituto Nacional de Salud Pública y UNICEF México (2016). Encuesta Nacional de Niños, Niñas y Mujeres 2015-Encuesta de Indicadores Múltiples por Conglomerados 2015 (Informe final).

Hay que recordar que la violencia dificulta el desarrollo, las capacidades de aprendizaje y el rendimiento escolar de los niños y las niñas, inhibe las relaciones positivas, causa baja autoestima, angustia emocional y depresión y, algunas veces, conduce a riesgos y autolesiones. En la vida adulta, por otro lado, pueden ser susceptibles a aceptar la violencia dentro de una relación de pareja, a mentir, hacer trampa y dejar sus estudios.[5] Darle un giro al modelo de crianza tradicional es la forma más eficiente de terminar con ese círculo vicioso que trae consigo el maltrato infantil.

En la investigación "Matar a un hijo", que publicamos en *EMEEQUIS* en octubre de 2019, abordamos precisamente este aspecto a partir de la historia de Paloma, una mujer que de niña y adolescente fue víctima de diversas formas de violencia, lo que la convirtió en una potencial maltratadora y cuya historia dio un giro de 180º cuando, producto de una fuerte depresión, asfixió a sus pequeñas de dos años y tres meses.

Uno de los especialistas más experimentados en maltrato infantil en México, el doctor Arturo Loredo Abdalá, pediatra fundador de la Clínica de Atención Integral al Niño Maltratado del Instituto Nacional de Pediatría (INP), explicó para esa investigación que la violencia que ocurre dentro del hogar se vuelve cíclica y quienes sobreviven al maltrato padecen de por vida las consecuencias de las

[5] *Idem.*

agresiones vividas y que, en suma, tienen altas posibilidades de maltratar en un futuro.

"De todos los niños maltratados solo uno de cada 100 es atendido adecuadamente y lo más grave es que entre el 55 y el 85% de los niños que son maltratados, que llegan a la vida adulta y que son padres de familia, pueden ser perpetradores de maltrato", dijo Loredo Abdalá.[6]

Esto cobra mayor relevancia en un momento donde el aislamiento nos ha dejado sin ojos fuera de los hogares. Antes, las escuelas eran un refugio para las niñas y los niños que vivían o presenciaban violencia dentro del hogar, eran un escape de un padre abusivo o de una familia negligente. El personal escolar se volvía observador, tenía la capacidad de detectar a alguien víctima de violencia e intervenir en beneficio del niño o de la niña; lo mismo ocurría con las actividades extracurriculares y la convivencia general en la comunidad.

El doctor Ricardo Bucio Mújica, quien lleva los últimos años trabajando activamente en pro de los derechos de niñas, niños y adolescentes, reconoce que la violencia contra este sector de la población se incrementó durante la pandemia porque la violencia contra niñas y niños ocurre principalmente en esos lugares en donde deberían estar seguros:

[6] Alejandra Crail (2019). "Matar a un hijo". *EMEEQUIS* y *CONNECTAS*. Consultado el 20 de octubre de 2020. Recuperado de <https://www.connectas.org/especiales/matar-a-un-hijo/>.

los hogares; esto se tradujo en el incremento de riesgos contra ellos a raíz del aislamiento.

Datos otorgados por el especialista en infancia nos revelan que la mayoría de las lesiones provocadas por violencia que llevan a niñas y niños a ser hospitalizados son, en promedio, causadas por algún familiar (70% de los casos), agresiones que suceden en los momentos de mayor tensión o ansiedad por parte de las personas adultas.

"Esto se exacerba en espacios físicos de hacinamiento", señala.

Con el covid-19, tener en confinamiento a millones de personas —que para muchos implica hacinamiento, es decir, tensión y ansiedad— provocó un alza en los casos de maltrato. La Encuesta de Seguimiento de los Efectos del covid-19 en el Bienestar de los Hogares Mexicanos (Encovid-19) desarrollada por la Universidad Iberoamericana encontró que dos de cada tres hogares encuestados vieron reducidos sus ingresos desde el inicio de la cuarentena, mientras que, en contraste, los niveles de ansiedad y depresión se han ido al alza.[7] De acuerdo con datos del Banco Mundial que compartió el doctor Bucio, este panorama trajo que 22% de los

---

[7] Instituto de Investigaciones para el Desarrollo con Equidad (2020). "Resultados de la 'Encuesta de seguimiento de los efectos del Covid-19 en el bienestar de los hogares mexicanos' Encovid-19 junio y julio 2020." Universidad Iberoamericana. Consultado el 20 de octubre de 2020. Recuperado de <https://ibero.mx/sites/default/files/comunicado_encovid19_junio-julio_2020.pdf>.

adultos comenzara a considerar necesario el reprender a los hijos de manera violenta.

El maltrato infantil tiene consecuencias de diversas dimensiones. En la dimensión física, deja daños directos e indirectos como dolores de cabeza y estómago, principios de colitis, incontinencia urinaria, somatización y problemas de sueño. En la dimensión cognitiva, trae problemas de atención y retención, alteraciones de la memoria y afectaciones en el desempeño escolar. Mientras que en la parte emocional, las consecuencias pueden variar entre hiperactividad, miedo, hostilidad, agresividad, ansiedad, angustia, trastornos depresivos y otros síntomas de estrés postraumático. La violencia como método educativo, contrario a lo que se cree, no trae consigo los efectos deseados, sino que deja secuelas que, como ya mencionamos, afectarán a las niñas y los niños por el resto de su vida.

Los retos son vastos, pero el mundo está cambiando y en esa misma línea la crianza también se transforma. Esas viejas lealtades que muchos padres replicaban a partir de sus propias experiencias de crianza violenta están mutando, ahora sabemos que el hecho de que hayamos sido educados a base de golpes e insultos no nos da derecho a replicar esas prácticas en nuestros pequeños. Estamos evolucionando y hay que aportar a esa evolución.

Parte del avance en la construcción de una mejor sociedad, de una sociedad más sana, nos toca a nosotros todos los días cuando nos relacionamos con niñas y niños. Esto incluye insistir en que ni los golpes ni los insultos educan, que la violencia es un método de adiestramiento que limita a nuestros niños y les impide volverse personas conscientes, críticas, autónomas e independientes, con capacidad para diferenciar entre aquellas cosas que los dañan y las que los benefician. Obedecer por obedecer no es suficiente, estamos aquí para ayudarles a desarrollar su pensamiento, su juicio, su capacidad de decisión y hay que afrontarlo, aun en tiempos adversos. Pero además, estamos aquí no solamente para enseñarles todo eso a nuestros niños y niñas, sino también para aprender de ellos.

## La bandera del diálogo

El manejo emocional como parte de un modelo de crianza positiva es clave para evitar llegar a esos niveles de violencia. Si bien es normal que ningún padre pueda mantener la crianza positiva el 100% del tiempo, lo importante es contar con las herramientas para el reconocimiento de los avances y de los errores. No es una cuestión de aumentar presiones ni estrés al ya complejo ejercicio del maternaje y el paternaje, al final —como el resto de las personas—, papás y mamás son solo seres humanos.

La doctora Camacho asegura que, cuando un padre golpea o les grita a sus hijos, lo único que demuestra es que no tiene recursos para interactuar con ellos y esa frustración se traduce en enojo y en violencia. Esto, a su vez, se convierte en el ejemplo que absorberán los niños bajo su cuidado, quienes aprenderán que el enojo y la frustración se deben demostrar a partir de gritos o golpes.

La historia podría ser diferente si el padre que comienza a sentirse frustrado y enojado porque su hijo, por ejemplo, no le está haciendo caso, sale de casa o se va a otra habitación, toma un tiempo para él, respira, recupera la calma y regresa para dialogar de forma pacífica.

La psicóloga explica que el pequeño traducirá esta acción de manera diferente: comenzará a pensar para sí mismo "cuando mamá se enoja, sale y respira", "cuando papá está enojado, agarra una toalla y la aprieta", "cuando mamá está frustrada, se toma un té", "cuando papá está frustrado, se mete a bañar", es decir que van a poder comenzar a expresar sus emociones con otros recursos que no están relacionados con la violencia.

El siguiente paso es el diálogo, el reconocimiento de la emoción que papá o mamá sintió en ese momento. Ser transparente y decir: me sentí triste por esta causa, me sentí enojada por esto otro, me sentí frustrado por aquello, me sentí desesperado por equis razón.

Hay que encontrar el momento preciso para el diálogo, reconocer que cuando un hijo está en medio del llanto o del berrinche, el diálogo se entorpece porque las niñas y los niños no escuchan. Así como los adultos, ellos también requieren su tiempo para calmarse y tratar de entender lo que sienten.

Cuando los padres se encuentran en calma y los niños también, entonces sí es momento de hablar de lo que ocurrió.

Recuerdo que antes de la pandemia un grupo de amigos habíamos planeado ir a escalar; mi mejor amiga, Mariana, llevaba a su pequeña María, una niña de seis años carismática y amorosa que de un momento a otro comenzó un berrinche descomunal. Me sorprendió la entereza con la que Mariana abordó la situación, jamás gritó ni usó la violencia como un método de cese al berrinche en un espacio público. La vi respirar, decirle a María que respirara y que cuando estuvieran ambas tranquilas podrían platicar. El llanto no terminó con ese acercamiento, pero invariablemente se fue agotando y, cuando María estuvo calmada, la mamá se acercó de nuevo y le preguntó qué sentía, qué le había causado ese sentimiento. María la culpó por no haberle permitido quedarse en un determinado espacio y Mariana le explicó, pausadamente, pero con mucha calidez, las razones detrás de la decisión. Le dijo que ella también se había sentido triste y agobiada, pero que eso no la hacía quererla menos, que la amaba y que le pedía una disculpa por no haberle explicado el porqué de la decisión. María entonces le dijo que la amaba también, le pidió una disculpa a mamá, se abrazaron y María cambió rotundamente su actitud, se abrió al juego y volvió a sonreír.

El diálogo permite que los pequeños vean que sus padres también sienten tristeza, enojo, felicidad, preocupación, alegría, desesperación y que todo eso está bien, es normal. Por lo general, los padres que creen que sus hijos no deben verlos tristes o mostrando cualquier otra emoción, solo lograrán que su hijo aprenda también a bloquear sus sentimientos.

"Para ello, los padres tienen que estar dispuestos a escuchar y a dialogar, que no interrogar. No es una entrevista. El diálogo es un intercambio de emociones, [hay que] enseñar con el ejemplo a nombrar lo que uno siente y de dónde viene ese sentimiento", detalla la psicóloga.

Insertar el diálogo como una práctica cotidiana dentro del desarrollo desde que las niñas y los niños son muy pequeños va a reducir los dolores de cabeza que vendrán en etapas posteriores. Los menores que crecen dentro de una familia democrática aprenden a aceptar las indicaciones que se les dan porque identifican la importancia de cada una de ellas, es una forma de ayudarles a desarrollar paulatinamente su juicio, para que desde etapas tempranas se acostumbren a razonar por qué les conviene una decisión sobre otra.

En este sentido, la pandemia de covid-19 o cualquier otro evento atípico que rompa la normalidad se presenta como un área de oportunidad, que puede comenzar con una explicación de forma real sobre lo que está sucediendo para las niñas y los niños.

En situaciones estresantes o de ruptura, cuando no hay transparencia de parte de los cuidadores, lo que ocurre es que, como parte de un mecanismo de defensa, tapan la ausencia de información con lo que su imaginación les dicta, construyen historias que les sirven para justificar los cambios que enfrentan; en algunos casos, puede tratarse de ideas que les causen mayor estrés y ansiedad, como pensar que quizá ya nunca más volverán a ver sus amigos o ir a la escuela o ver a sus otros familiares.

Hablar con la verdad en momentos traumáticos es también enseñarles a cuidarse por sí mismos, a asumir responsabilidades: por ejemplo, decirles "es importante quedarnos en casa el tiempo que sea necesario para cuidarnos" y transmitirles la idea de que lo que hacen lo hacen para sí mismos, para protegerse a partir de la responsabilidad. Es una forma de empoderamiento que les reducirá los problemas emocionales relacionados con la pandemia.

La especialista en terapia infantil y familiar también recomienda apoyarse en algunas películas infantiles para explorar la gama diversa de emociones. Películas como *Intensamente* o *Kung Fu Panda* pueden servir para abrir diálogos sobre cómo expresar lo que se siente, no como un interrogatorio, sino como una forma de compartir visiones: "¿Cómo crees que se sintió este niño?", o comentarle: "Esta escena me hizo sentir triste porque perdió a alguien que quería y eso es difícil"; es decir, abrir el diálogo y luego poner atención a las respuestas.

En este andar, escuchar es fundamental si se busca tener un diálogo efectivo. El diálogo no solo debe ocurrir cuando se busca solucionar algún problema. Las niñas y los niños deben saber que su voz siempre cuenta y que están siendo escuchados —por lo general, los adultos no les dan el tiempo que requieren—. Es común que cuando un niño se acerca a compartir algo, la respuesta sea "luego me dices porque estoy lavando los trastes" o "luego me cuentas porque estoy en una llamada" o "estoy ocupada", y entonces se acostumbran a que su voz no importa, dejan de hablar. Se vale estar ocupados, pero siempre se recomienda que los padres retomen esa apertura al terminar la actividad que les impidió hablar en el momento en que los niños lo solicitaron.

Otra sugerencia es jugar, establecer un horario para esto porque, a decir de los especialistas, el juego propicia la manifestación de sus emociones porque hacen catarsis y pueden comenzar así a nombrar lo que sienten, expresar y simbolizar eso que traen dentro a partir del juego. Un papá que juega con sus hijos logra cercanía e identificación, que el niño se sienta comprendido y se sienta escuchado. El juego es algo serio y hay que dedicarle el tiempo necesario.

Un recordatorio final en esta misma línea es que cada hijo tiene necesidades propias y, aunque pertenezcan a una misma familia, requieren atenciones especializadas y diferentes. No sobra decir que se vale equivocarse, es parte del camino al conocimiento. Recuerda lo que dice la doctora Camacho: "Yo soy especialista, pero también soy mamá y como mamá me equivoco más que cualquiera porque todos estamos aprendiendo en el camino".

## Crianza positiva de emergencia

De los paseos dominicales y las visitas a los abuelos, las salidas con amigos de los sábados, los viajes exprés fuera de la ciudad o las idas al bosque y al parque sin límite de tiempo, las comidas compartidas, la diversión y la compañía de los fines de semana, la convivencia se transformó en obligatoriedad: convivimos todos los días y a todas horas en el mismo espacio donde se debe de trabajar, ir a clases, cocinar, alimentarse, jugar, aprender, divertirse, convivir. La única salida para lidiar con el estrés que esto implica, señala la doctora Camacho, es hacer acuerdos.

¿A qué hora se baña mamá? ¿A qué hora se baña papá? ¿Quién alista a los niños? ¿Quién prepara el desayuno? ¿Qué espacios va a ocupar cada quien? ¿Desde qué dispositivo se van a conectar los pequeños y durante cuánto tiempo? La democratización de la familia es un estilo de crianza que nos ayuda a poner orden en medio del caos del hacinamiento: dialogar, discutir y acordar entre todos los miembros de la familia qué horarios y espacios va a ocupar cada integrante para realizar sus actividades, qué responsabilidades tiene cada uno y cómo eso beneficia a toda la familia.

"Cuando hacemos un acuerdo con un niño o con un adolescente, la resistencia disminuye porque se sienten parte de la toma de decisiones. Si no llegamos a acuerdos, ellos sentirán que la autoridad es quien lo impone y entonces no harán las tareas correspondientes", detalla.

La familia democrática promueve a partir de los acuerdos las relaciones igualitarias entre los integrantes, donde cada uno respeta los derechos del otro y se responsabiliza de sus acciones, participa en la construcción del camino hacia el bienestar común —reconociendo la individualidad e idiosincrasia de cada miembro— para establecer una dinámica que privilegie el diálogo afectivo-efectivo como la base de sus interacciones.

Para construir este camino, la Organización Mundial de la Salud (OMS) creó una guía de recomendaciones para trabajar la crianza positiva en medio de la pandemia a modo de un eterno recordatorio de la importancia que tiene crear ambientes sanos en donde las niñas y los niños puedan desarrollarse, aun en contextos adversos.[8]

La OMS aconseja mirar los tiempos difíciles como una oportunidad para mejorar las relaciones con niñas, niños y adolescentes pasando tiempo de calidad uno a uno, como una forma de mostrarles la importancia que tienen, para hacerles sentir el amor y la protección que tienen de sus cuidadores.

El tiempo puede variar según las posibilidades de cada familia: 20 minutos, media hora, una hora o cualquier espacio que se les pueda otorgar que sea exclusivamente para

[8] Oficina Regional para las Américas de la Organización Mundial de la Salud (2020). "COVID-19 Crianza." Consultado el 20 de octubre de 2020. Recuperado de <https://www.paho.org/es/temas/coronavirus/enfermedad-por-coronavirus-covid-19/covid-19-crianza>.

ellos y que pueda ser un tiempo rutinario que se ejerza todos los días, de ser posible, a la misma hora. Es también un momento de desintoxicación, lejos de los aparatos electrónicos y la sobreinformación relacionada con la emergencia sanitaria o la economía nacional, o sea: adiós celulares, adiós noticias y adiós trabajo.

En este ejercicio de reconocimiento a la individualidad de los pequeños hay que preguntarles qué les gustaría hacer en ese tiempo, y si ninguna idea viene a la mente, ¡improvisen! Bailar en la sala, cantar, dar un concierto con ollas y cucharas, mirar fotos viejas, leer un libro, inventar una historia, practicar yoga o tomar una clase de baile, cocinar, dar un paseo (siempre cuidando la salud), cualquier cosa que puedan disfrutar juntos y que los despeje del estrés y la ansiedad que traen cargando, se lo merecen. Hay que pensar en estos espacios como un apapacho, un abrazo y una caricia para sus almas.

Hablando de caricias, las palabras también lo son, y una clave para mantener el sano desarrollo de niñas y niños es darles esas palabras de aliento que se necesitan cotidianamente para reforzar su confianza y su autoestima y —tip extra— ayudarse a uno mismo como padre, intercambiando los regaños y las prohibiciones por instrucciones positivas y reconocimientos cuando las cosas se hacen como se acordó.

“El reconocimiento va a generar autoestima. Si les permitimos a nuestros pequeños reconocerse, tomar sus propias decisiones, avanzar y saber que van cumpliendo objetivos, les daremos la fortaleza para decir 'me puedo arriesgar'. Eso es autoestima, eso es seguridad', asegura la doctora Camacho.

Pedir las cosas en vez de ordenarlas, dice la misma OMS, es mucho más efectivo que un regaño; para lograrlo, hay que expresar claramente cuál es el comportamiento esperado. Lo ideal es hablar con voz tranquila, en vez de gritar, usar el nombre del hijo y decirle exactamente qué se espera de él, por ejemplo: "Por favor, dobla y guarda tu ropa", "Por favor, recoge tus juguetes" y luego, si la acción se cumple de forma positiva, agradecerles por el trabajo bien hecho y reconocer el esfuerzo.

Recuerda que es fundamental tener expectativas realistas sobre lo que niñas, niños y adolescentes pueden hacer acorde a su edad. Recuerda también que son niños, no adultos, no miran el mundo como nosotros. Somos nosotros quienes tenemos que aprender a mirar el mundo como ellos.

Sobre los adolescentes, al estar en una etapa de reconocimiento de su individualidad, en la que naturalmente necesitan despegarse del núcleo familiar, el encierro puede ser en especial complejo y difícil. No hay que minimizar sus sentimientos, por el contrario, hay que impulsarlos a mantener el contacto con sus amigos, a encontrar cosas en las que puedan explorar y desarrollarse de forma segura.

Darles estructura a través de una rutina es indispensable, como ya lo mencionó la representante adjunta del

UNICEF en México en el capítulo sobre criar a un hijo en contextos adversos. Las rutinas son importantes tanto para afrontar contextos de aislamiento como para avanzar hacia la siguiente etapa, la vuelta formal a la "nueva normalidad".

Plantear rutinas flexibles que incluyan responsabilidades y momentos de tiempo libre, de disfrute y relajación les ayudará tanto a niños como a padres a sentirse más seguros y confiados; se recomienda que se incluya alguna rutina de ejercicio en esta planeación para ayudar a liberar el estrés y canalizar la abundante energía de los pequeños y, sobre todo, que ellos participen en el desarrollo de esta planeación.

Al final de cada día es muy útil tomar un minuto para reflexionar en conjunto lo que han vivido, lo que han logrado, recordar los momentos buenos y divertidos. Por último y quizá de los puntos más importantes: mamá, papá, cuidador, reconoce que tu esfuerzo es valiosísimo.

### ¡Alerta! Momento de tensión detectado

No hay un solo niño en el mundo que se porte bien todo el tiempo. Los niños se cansan, tienen miedo, tienen necesidades básicas por ser cubiertas y, sobre todo, están aprendiendo. El mundo es un lugar nuevo y desconocido para ellos, y nosotros, los adultos, debemos ser pacientes y apoyarlos, aunque a veces en la práctica se nos complique.

Para ello, hay que estar un paso adelante. Parte de conocer a las niñas y los niños con los que nos relacionamos es aprender a detectar cuando comienzan a tener malos comportamientos para poder redirigir su atención hacia uno más adecuado, es moverse con agilidad un segundo antes de que el berrinche comience y, al momento en que notamos que algo está por salirse de control, ofrecerles algún distractor entretenido o interesante, como ir a dar un paseo o pedirles ayuda con una actividad que disfruten.

Si esto no funciona, y uno como adulto comienza a sentir que está a punto de explotar, hay que tomarse un momento y respirar profundamente para comenzar a sentir calma y, entonces sí, comunicar tranquilamente lo que uno necesita y lo que siente.

Si no es el momento de entablar un diálogo tranquilo, es recomendable dirigirse a otra habitación, o bien, como en la recomendación para niñas y niños, buscar un distractor que nos pueda ayudar a liberar la tensión. En cualquier caso, hay que afrontar los berrinches con calma y firmeza, con un lenguaje adecuado a la edad de nuestros hijos y con una meta que va más allá del mero fin de resolver el problema presente: enseñarles con el ejemplo a regular sus emociones y sus reacciones. No olvidemos que las niñas y los niños aprenderán de nuestro manejo de emociones y que todo berrinche o enojo tiene que pasar. Todos los pequeños tienen rabietas y todos los padres lidian con ellas. Afortunadamente, ningún berrinche es eterno.

El modelo de familias democráticas incluye socializar las consecuencias, explicar qué ocurrirá si una obligación —llámese recoger los juguetes, ordenar la habitación, hacer la tarea— no se cumple, o bien, si surge un mal comportamiento —como podría ser un berrinche por no obtener un juguete nuevo—; las consecuencias, a su vez, deben ser razonables, acordes a la edad y el tipo de comportamiento. La OMS recomienda, antes de aplicar la consecuencia, darle la oportunidad a su hija o hijo de seguir las instrucciones una vez más. Si esto no funciona, la consecuencia podrá entrar en acción —un castigo razonable puede ser quitarle el teléfono durante unas horas, por ejemplo—. Tras haber cumplido el plazo de la consecuencia, es importante dar oportunidad a los pequeños de hacer algo bueno.

Por último, pero no menos importante, el autocuidado es indispensable. Ahondaremos en este tema más adelante, sin embargo, hay que recalcar que, para cuidar bien de otros, hay que empezar por uno mismo.

## Educación sexual: un acto de amor

La decisión de ejercer un paternaje desde una postura política que ponga por delante los intereses de niñas y niños a partir de una crianza positiva incluye no negarles el derecho a aprender aquellos temas históricamente vedados, incluso pese a nuestros propios prejuicios y temores, con la finalidad de que tengan todas las herramientas a tiempo y que no tengan que irlas descubriendo por sí mismos. En este ámbito, la educación sexual temprana integral es un elemento clave que debe estar presente en nuestro modelo de crianza para con nuestros hijos.

Como lo explicó Juan Martín Pérez, de la Red por los Derechos de la Infancia en México en el capítulo anterior, hay que ser conscientes de que la sexualidad va más allá de las cuestiones relativas al sexo y la genitalidad. Es, en cambio, un conocimiento llave que promueve la salud y el bienestar, el respeto de los derechos humanos, el consentimiento libre y la igualdad de género, además de que provee herramientas para llevar una vida segura.[9]

La Organización de las Naciones Unidas para la Educación, la Ciencia y la Cultura (UNESCO) señala que así es como los niños y adolescentes aprenden a reconocer a tiempo formas de violencia por razones de género y también a evitar cometer algún acto de violencia contra otros, pero, además, aprenden a conocer su cuerpo, a aceptar los procesos naturales que vienen con él, a cuidarlo con una buena alimentación, a ejercitarse y, por supuesto, a cuidar su salud sexual. Se trata de aprender a querer y ser querido de una forma sana y libre.

---

[9] UNESCO (2018). "Educación integral en sexualidad para prevenir la violencia por razones de género." Consultado el 15 de octubre de 2020. Recuperado de <https://es.unesco.org/news/educacion-integral-sexualidad-prevenir-violencia-razones-genero>.

En muchas partes del mundo, dos de cada tres niñas no tienen idea de lo que les ocurre al tener su primera menstruación; a nivel mundial, solo tres de cada 10 jóvenes tienen conocimientos sobre la prevención y transmisión del VIH, y esto es solo la punta del iceberg. Muchas niñas y niños crecen sin agencia de sus cuerpos y sin herramientas para reconocer actos de abuso sexual que usualmente son cometidos por algún conocido —se calcula que 75% de estos abusos son cometidos por algún familiar o persona cercana a la familia—, actos que, con la emergencia sanitaria y la estadía en casa, se han elevado hasta en un 20 por ciento.[10]

La educación integral en sexualidad es un proceso de enseñanza y aprendizaje basado en planes de estudios que conjugan aspectos cognitivos, psicológicos, físicos y sociales de la sexualidad. Tiene como fin "dotar a los niños y jóvenes de conocimientos basados en datos empíricos, habilidades, actitudes y valores que los empoderarán para disfrutar de salud, bienestar y dignidad; entablar relaciones sociales y sexuales basadas en el respeto; analizar cómo sus decisiones afectan su propio bienestar y el de otras personas; y comprender cómo proteger sus derechos a lo largo de su vida y velar por ellos".[11]

---

[10] Alicia Preza (2020). "75% de los casos de abuso sexual infantil son cometidos por un familiar." *UDGTV*. Consultado el 15 de octubre de 2020. Recuperado de <https://udgtv.com/noticias/75-casos-abuso-sexual-infantil-cometidos-familiar/>.

[11] UNESCO (2018). "Por qué es importante la educación integral en sexualidad." Consultado el 15 de octubre de 2020. Recuperado de <https://es.unesco.org/news/que-es-importante-educacion-integral-sexualidad>.

En un mundo hiperconectado, niñas, niños y adolescentes están a un solo clic de tener acceso a todo tipo de información, incluyendo contenidos que pueden resultar dañinos en su desarrollo, como pornografía y contenidos sexuales cargados de violencia que, a decir de Cristina Sanjuán Vázquez, técnico de políticas de infancia en Save the Children España, potencian los roles de género, al sistema patriarcal que define relaciones de poder y, por ende, tiene repercusiones en cómo se desarrollan socialmente.[12]

Los especialistas saben que estos diálogos no son fáciles porque guardan el tabú de que la sexualidad solo es genitalidad —nada más alejado de la realidad—, pero no dejan de insistir en su importancia, en el reconocimiento de que toda educación es sexual porque los seres humanos somos seres sexuales y que es mejor asumirlo que evitarlo. Parten, además, de que la educación sexual no solo es necesaria, sino que es un derecho que deben garantizar no nada más las familias, también los centros educativos y de salud, los medios de comunicación, así como las organizaciones civiles y gubernamentales.

No hay una receta para responder correctamente a las preguntas que las niñas, los niños y adolescentes pueden tener en relación con este tema o para enfrentar situaciones que pueden considerarse incómodas —como encontrar

[12] Cristina Sanjuán Vázquez (2018). "La educación afectivo-sexual es inversión de futuro." Save the Children. Consultado el 15 de octubre de 2020. Recuperado de <https://bit.ly/2Tv62tv>.

a un hijo masturbándose—, pero desde el amor, con la bandera del diálogo y asesoría es posible otorgar respuestas útiles y, sobre todo, comenzar una apertura a estos temas a edades tempranas. Por ejemplo, desde pequeños inculcarles el tema del consentimiento, como explica Juan Martín Pérez, decirles que su cuerpo es solo suyo y que cualquier persona requiere su autorización para poder tocarlo, incluyendo mamá o papá, quienes pueden comenzar a verbalizar los momentos clave en los que pueden tocar su cuerpo con fines de cuidado como "voy a bañarte" o "voy a cambiarte de ropa".

En su manual *Respuestas fáciles a preguntas difíciles* Daniel Santacruz detalla consejos sobre educación sexual desde la primera infancia, donde las niñas y los niños establecen relaciones y vínculos, principalmente con sus cuidadores, a base de la confianza.

De los cero a los tres años, dice el especialista de Save the Children, comienza la exploración del cuerpo, incluyendo los genitales, y aclara que esto no significa que se estén masturbando. Es importante normalizar la situación, pero establecer algunos límites como: "Puedes tocar tu cuerpo en tu habitación, cuandos estás sola", o reforzar las sensaciones positivas como: "Esto es normal, no pasa nada", sin asustarse y sin regañar, entendiendo que el autoconocimiento es parte de su desarrollo integral.

"Sus comportamientos parten de la curiosidad y no del deseo", escribe el especialista.

En esta etapa también se les enseña cómo relacionarse con otros; los adultos debemos respetar su espacio y su autonomía, no obligarlos a darles besos o abrazos a las personas, enseñarles con el poder del "no", permitirles negarse a situaciones que les parecen incómodas y nosotros asumirlo como parte de su derecho. Esto les enseñará desde muy pequeños que no tienen que hacer algo que no quieren solo porque alguien se los indica o por la presión social. También es importante que cuando se nieguen a ser afectuosos con alguien, dialoguemos y les preguntemos por qué no querían dar un beso o un abrazo, para conocer cómo se sienten, poder establecer límites y promover que sigan reconociendo su autonomía, sin que sean descorteses.

Otro tip es evitar los estereotipos de género. Las niñas y los niños tienen derecho a jugar con los juguetes que quieran sin importar si son los que supuestamente pertenecen al género opuesto. Lo mismo con replicar roles de género a partir del juego, que es una forma en la que aprenden, como hacer que las niñas jueguen a que son mamás de una muñeca.

Conforme van creciendo, las preguntas van aumentando. Un cuestionamiento frecuente suele ser: "¿De dónde vienen los niños?" Y, a estas alturas, decir que vienen de la cigüeña es inútil. Los expertos recomiendan preguntar primero qué es lo que saben o se imaginan o cómo surgió esta pregunta para tener un punto de referencia que pueda marcar pauta en el diálogo.

Teresita Tinajero, tanatóloga, cuenta una anécdota que ejemplifica la importancia de meternos en la mente de las niñas y los niños antes de enredarnos nosotros mismos. Un niño se acerca con sus papás y les pregunta: "¿Qué es pene?" Los papás, nerviosos, acuden a libros, platican entre ellos y al final comienzan a explicarle a detalle sobre el aparato reproductor. El niño se sorprende y comenta: "¡Qué chistoso!" Los papás, extrañados, buscan saber por qué reaccionó así. El pequeño entonces les dice: "Es que el padre dijo: 'Oren por Juan para que su alma no pene' ". Por ello es indispensable mirar la información desde la perspectiva de niñas y niños, no de la nuestra.

Además, una pregunta sobre la reproducción puede dar pauta también para hablar, con un lenguaje acorde a la edad, simple y con amor, sobre las relaciones afectivas que están alrededor del sexo o de un beso entre una pareja y un beso a un hijo, así como de los tipos de familia que hay, que los hijos a veces se adoptan o se conciben por medio de reproducción asistida.

Las pláticas más complejas vienen en la adolescencia, con los cambios del cuerpo y la búsqueda de la identidad propia. Si comenzamos tales conversaciones antes de esta etapa, quizá el terreno pueda ser más fácil de transitar para ellos, si no fue así, nunca es tarde, hay que impulsar su autoestima, hablar de la diversidad de cuerpos y desechar los estereotipos de belleza, hablar de la intimidad y de las relaciones afectivas con consentimiento, cuidado propio y del otro, pero sobre todo, no dejar de fomentar el diálogo. En todas las edades este es el mayor secreto: mientras haya la posibilidad de dialogar, de compartir las dudas y los temores sin miedo a ser juzgados o sancionados, crearemos un espacio seguro para que niñas y niños estén informados, respaldados y puedan adquirir esas herramientas que les sean útiles para irse descubriendo poco a poco.

# Tu hijo tiene voz: escúchala

Es julio de 2020 y son casi las 16 horas cuando en el 911 se recibe una llamada en la que una madre reporta que ha encontrado a su hijo menor de edad suspendido, colgado en su casa de la comunidad Agua Zarca de Aguascalientes. La policía llega, descuelga al pequeño, intenta reanimarlo, pero ya no reacciona.

Karina, de 40 años, había vuelto a casa en compañía de su hija pequeña y al entrar se encontró a su hijo Ricardo, de apenas 12 años, colgado de una cuerda amarrado al techo de tejas de la casa.[1]

Cuando la policía le pregunta sobre los posibles motivos que pudieron haber llevado a su hijo a cometer suicidio, no hay síntomas que pueda reportar, apenas una discusión que

---

[1] Redacción (2020). "Se suicida niño de 12 años en Cosío Fuente." *Newsweek México.* Consultado el 15 de noviembre de 2020. Recuperado de <https://newsweekespanol.com/2020/07/se-suicida-nino-de-12-anos-en-cosio/>.

Ricardo sostuvo horas antes con su hermana menor de solo siete años.

El caso de Ricardo, tristemente, no es aislado. Desde el año 1990 las autoridades de salud y el mismo Instituto Nacional de Estadística y Geografía (INEGI) han reportado el incremento de suicidios entre niñas, niños y adolescentes.

Un análisis de la información sobre mortalidad que presenta el INEGI en México nos ofrece un panorama aterrador: todos los días en el país se suicida al menos una niña, un niño o un adolescente.

En lo personal, me pregunto qué puede llevar a estos pequeños a tomar una decisión así; sin embargo, cuando analizamos qué se hace a nivel institucional, social y familiar para prevenir que esto ocurra, nos damos cuenta de que las acciones de atención temprana a los problemas de salud mental son nulas. Aún nos persigue el tabú de que son temas vedados, que deben ser ocultados e ignorados, como si esto lograra desaparecer mágicamente la realidad.

Pero la realidad está ahí y tiene consecuencias directas en la vida de niñas, niños y adolescentes, también en las de sus familias, su círculo cercano y, por más que lo neguemos, también tiene un impacto en la sociedad.

A nivel global, diversos estudios calculan que si bien el suicidio supone una tasa alta de mortalidad (se calcula una muerte cada 40 segundos), más de la mitad de la población experimentará tendencias suicidas entre moderadas y severas a lo largo de su vida; algunos tienen estos síntomas en edades tempranas.[2]

Las fases que se identifican con esta práctica deliberada de atentar contra la propia vida son cuatro. La primera es la ideación de muerte, pensamientos que se vuelven presentes en la vida cotidiana como decir "ojalá mañana ya no despierte", que es considerado un foco amarillo-naranja que hay que atender porque es un síntoma de depresión; la segunda es la ideación suicida, que se nota con preguntas como "qué pasaría si me suicidara", "qué pasaría con mis papás", "cómo lo haría" y que representan un foco naranja-rojo; después surge la planeación suicida, que es ya ir encontrando espacios y herramientas claras para cometer el sucidio; el punto final es el intento suicida, que puede terminar con la vida, o bien, puede haber una afortunada intervención antes de un resultado fatal.

Desde hace un lustro, año tras año se suicidan, en promedio, 648 menores de 18 años en México. La cifra varía levemente, a veces los datos superan ese promedio y algunos años, con más suerte, disminuye un poco.

Las alarmas se despiertan cuando analizamos esas cifras microscópicamente y notamos que las autolesiones se están incrementando en niños aún más jóvenes, 10, 11, 12, 13 y 14

---

[2] Diego Araya-Chacón y Maribelle Calderón-Rojas (2017). "Habilidades para la vida para la prevención de conducta suicida en niños: descripción de una experiencia grupal." *Revista Cúpula*, 31(10), pp. 52-59. Consultado el 1.° de noviembre de 2020. Recuperado de <https://www.binasss.sa.cr/bibliotecas/bhp/cupula/v31n2/art04.pdf>.

años. Los datos del INEGI nos permiten detectar que las 47 muertes por suicidio en menores de 15 años que ocurrían en 1990 han quedado muy lejos, porque para 2019 se transformaron en 202: un incremento de 329 por ciento.

Los casos están al alcance de un clic, los medios están repletos de historias de niñas y niños que dejaron este mundo sin un aparente rastro de qué los motivó a terminar con su vida.

El suicidio infantil no es solo un deseo de morir, es el último recurso del que echa mano un pequeño para escapar de un gran sufrimiento o de una situación abrumadora para la cual parece no haber salida.

En Tamaulipas, un estudiante descrito como ejemplar, sonriente, participativo aun en las clases virtuales, se colgó en su habitación la tarde del martes 26 de mayo de 2020. Sus padres lo encontraron cuando ya no tenía signos vitales; tenía solo 13 años. Este mismo mes, un niño de nueve años se suicidó en Puebla colgándose de un árbol: "No quería hacer la tarea", dijeron sus familiares.

En junio, una niña de 11 años se colgó de la litera de su habitación. Los padres reportaron haber tenido una discusión con ella antes de hallar su cuerpo ya sin vida en una colonia de la alcaldía Álvaro Obregón de la Ciudad de México. En octubre, otro niño de 11 años se quitó la vida en Chihuahua.

Todos estos casos, ocurridos y registrados en medio de una emergencia sanitaria, deben despertar nuestras alertas, no porque sea un fenómeno nuevo que surgió a raíz de la crisis, sino porque es un fenómeno en aumento que precisamente en época de crisis se ve recrudecido porque el aislamiento que instauró la pandemia, la pérdida de empleo y disminución en los ingresos familiares, en muchos casos, se tradujo en hacinamiento y, por ende, en violencia.

Un dato que resalta de entre las estadísticas analizadas es que seis de cada 10 suicidios infantiles son cometidos por niños y adolescentes varones. El doctor Trejo relaciona este dato con las perdurables ideas machistas de que los hombres no deben expresar sus sentimientos, quizá no de forma directa pero sí a través del ejemplo.

"A los niños se les enseña a no expresar sus emociones. Un niño no llora, no expresa su tristeza, es aguántante, tienes que ser fuerte y esa carga también está con ellos", un símil de lo que ocurre en los suicidios de adultos, en los que los hombres son los que más llegan a consumar este acto. Antes, los especialistas en salud mental solían decir que por cada 10 mujeres que intentaban quitarse la vida, un hombre lo conseguía, pero actualmente esa cifra se ha duplicado: por cada cinco mujeres que intentan suicidarse, un hombre lo consigue.

Un año como el 2020 nos obliga sí o sí a pensar en la salud mental, en la ausencia de medidas de prevención, detección, orientación para padres y cuidadores y protocolos efectivos en las familias, en el espacio público y en las instituciones.

Aún no tenemos cifras que sostengan lo que intuyen los especialistas: que la pandemia va a romper con la aparente tranquilidad de esa meseta que promedia los suicidios infantiles en 648 anuales solo para incrementarla.

Bajo este panorama ensombrecedor que nos atañe a todos, me parece que existe una obligación de la sociedad de repensar las relaciones que los adultos tenemos con niñas y niños. Si bien la depresión —una enfermedad que está ligada directamente con el suicidio— a veces no es completamente visible, sí deja rastros, minúsculos, que podrían pasar desapercibidos si no prestamos la suficiente atención, cuya detección temprana requiere un profundo conocimiento de la persona que la padece, un acompañamiento, un interés.

El doctor David Trejo, psicólogo y director de la Fundación Mexicana de Lucha contra la Depresión (SinDepre), hace sonar las alarmas cuando habla del rol que tenemos los adultos en estos casos que aparentemente nos son ajenos. Si ocurren dentro de nuestras familias, nos parecen sorpresivos. Nos pide recordar que las niñas, los niños y los adolescentes aprenden desde el núcleo que les ofrecemos a relacionarse con el mundo e interpretarlo. Casos así invariablemente nos llevan, una vez más, a mirar hacia adentro y preguntarnos: ¿Qué no estoy haciendo bien? ¿Cómo puedo ser una mejor guía? ¿Cómo puedo prevenir un escenario así?

No hay respuestas simples ni únicas. Toda niña, todo niño tiene necesidades específicas que surgen en contextos diversos y ante las cuales reaccionará de diferente forma; sin embargo, sí hay algunas pistas para ir detectando a tiempo esos focos amarillos que pueden convertirse en rojos.

A veces la visión adultocéntrica de la vida nos impide ver que las niñas y los niños también sufren y que muchas veces no tienen herramientas para expresar su infelicidad o las cosas que los lastiman —porque están en proceso de adquirirlas—.

Este capítulo busca dar luz sobre el papel que los adultos tenemos en la salud mental de niñas y niños, ahondar en las herramientas de las que podemos echar mano para que aprendan a lidiar con los conflictos y también en aquellas que pueden servir como botones de emergencia ante un problema. Pero sobre todo, tiene la misión de hacernos conscientes de la importancia de quitarnos los prejuicios y los tabúes para reconocer que la salud mental es importante para nuestro bienestar; hay que cuidarla y enseñar a cuidarla con el ejemplo a aquellos que están en formación.

## Hablemos de depresión

Al hablar de depresión, lo primero que tenemos que decir es que es una enfermedad, un problema serio de salud que causa sufrimiento y altera la relación que tiene la persona que la padece con su entorno; hay afectaciones en su vida personal, escolar, social, familiar. No es un problema simple que se elimine con la mera intención de "echarle ganas", requiere apoyo y, en muchos casos, la intervención de especialistas.

La Organización Mundial de la Salud (OMS) define la depresión como un trastorno del estado del ánimo que se caracteriza por la presencia de tristeza, pérdida de interés o placer, sentimientos de culpa o falta de autoestima, trastornos del sueño o del apetito, sensación de cansancio y falta de concentración. Su punto más grave es el suicidio.

Este trastorno es el resultado de interacciones complejas entre factores sociales, psicológicos y biológicos que se conjugan en un momento preciso, adverso, en la vida de una persona; sin importar su edad, esto puede significar la aparición de depresión en su vida, así como estrés y disfunción y, por ende, un estado del trastorno que empeora lentamente.

Ha habido varios esfuerzos por desmitificar creencias asociadas a la infancia, entre ellas que los niños no se deprimen o que la depresión infantil es una etapa del desarrollo humano normal, que no es frecuente, que solo afecta a personas de determinada edad y que es pasajera.[3]

El doctor Trejo tiene una forma particular de explicar cómo funciona la depresión. Primero, enfatiza que no se establece de un día a otro, es una enfermedad que se va instalando en las personas y que va incrementando poco a poco, como cuando alguien sube de peso: "Vas subiendo de 100 gramos en 100 gramos y no lo notas en el día a día, hasta que de pronto te das cuenta de que tienes 40 kilos extra".

---

[3] Paola Pacheco Tochoy y Roberto Chaskel (s. f.). "Depresión en niños y adolescentes." *Precop SCP*. Consultado el 1.º de noviembre de 2020. Recuperado de <https://es.scribd.com/document/386964348/3-Depresio-n-pdf>.

Lo mismo ocurre con la depresión, te vas enfermando poco a poco, al tiempo que subes de nivel y puedes llegar a querer suicidarte.

En los adultos, señala, que una persona busque suicidarse quiere decir que lleva enferma de depresión entre cinco y 10 años. Para los niños, sin embargo, no funciona así, los cambios para ellos sí son abruptos y vienen como consecuencia de un hecho traumático o de violencia sistémica que día con día les hace perder la alegría, la pasión, la curiosidad y la autoestima.

Los psiquiatras infantiles Paola Pacheco y Roberto Chaskel señalan que la depresión en la infancia es multifactorial; sin embargo, el elemento genético es particularmente relevante puesto que los hijos de padres depresivos son tres veces más propensos a experimentar depresión.

Hay una diferencia muy grande entre la tristeza, el enojo y la frustración que surgen tras una situación particular, como perder a un ser querido o el divorcio de los padres, y aquellas emociones que prevalecen durante semanas, meses o más tiempo y evitan que un niño o adolescente sea funcional.

Los niños menores de 10 años muestran su depresión con enojo, ira o irritación; la tristeza no es un síntoma, la violencia contra otros sí, así como las bajas en el desempeño escolar que se sostienen durante un largo periodo de tiempo.

Los especialistas señalan que el hecho de que un niño tenga una pelea en el colegio es hasta cierto punto normal, pero si las peleas se vuelven frecuentes, estamos ante un foco rojo. También puede ocurrir con acciones violentas en casa; sobre el desempeño escolar, lo mismo: una calificación baja es normal, puede responder a muchos factores, pero calificaciones bajas de forma abrupta, por ejemplo, de ocho a cero en varias materias, y durante largo tiempo es de cuidado. Recordar: "Un niño con depresión es un niño iracundo".

El fin de la infancia y el comienzo de la adolescencia es un periodo de múltiples desafíos que conllevan cambios físicos, hormonales y sociales; se presentan mayores exigencias en el colegio y en casa. Estos procesos pueden desencadenar depresiones en los adolescentes si se suman otros factores estresantes, como violencia en el hogar, responsabilidades de adulto que no les competen, comparativos con otros niños de su edad o bien, un hecho abrupto como la separación de su círculo de amigos o la pérdida de alguien significativo, sea una muerte o una separación.

A diferencia de los más pequeños, los adolescentes tienen ya un bagaje mayor de emociones. Sienten la tristeza con mayor profundidad y, cuando esta permanece durante largo tiempo, sí se vuelve un síntoma de que algo no está bien. El síntoma más significativo es el aislamiento, no necesariamente el aislamiento de la familia porque, hasta cierto punto, es normal que los adolescentes quieran despegarse cada vez más en esta búsqueda de encontrarse a ellos mismos; el foco rojo es cuando el aislamiento es total, cuando la falta de interacción con sus iguales es nula, cuando no quieren salir, no discuten y se encierran en sus cuartos a escuchar música o pasar tiempo en internet.

"Un adolescente que no tiene amigos, que siempre está en su cuarto, que no se pelea con sus papás, que no interactúa, es un niño enfermo y nos tiene que preocupar, los cuidadores tienen que estar pendientes de este aislamiento", recomienda Trejo.

La adolescencia es principalmente una etapa de riesgo porque, a decir del especialista, hay padres que no entienden que es un periodo en el que los hijos encuentran quiénes son, están en una búsqueda constante de su identidad y serán los amigos, el exterior, los que ayuden a instaurar estos cambios. A muchos padres les cuesta aún trabajo reconocer la importancia de soltarlos en este periodo, de acompañar a una distancia sana, sin alejarse, solamente otorgando espacio al desarrollo de la individualidad y, por lo mismo, se les dificulta validar las búsquedas de sí mismos que emprenden, reconocerlos imperfectos y dejar la aprehensión, el control y la sobreprotección.

La depresión puede afectar el nivel de energía, la capacidad de concentración, el sueño e incluso el apetito. Los niños dejan de sentir placer al hacer cosas que antes los emocionaban, pierden el interés en sus gustos y, en suma, les cubre una ola de pesimismo que los hace mirarse débiles, incapaces, rechazados o inútiles, y se dan por vencidos con facilidad.

Otros detalles que podemos identificar son signos de ansiedad, como morderse los labios, las manos, los dedos o que anden cabizbajos, que tengan poca participación en casa o en la escuela, que haya heridas extrañas que probablemente se hayan ocasionado ellos mismos.

Tanto para niñas y niños como para adolescentes, estos síntomas son de importancia y no hay que desestimarlos. Toda emoción mal manejada, que se estanca, puede provocar daños en su autoestima, en su percepción de sí mismos y en cómo se relacionan con el mundo.

El interés de padres y cuidadores es fundamental para detectar cambios en las dinámicas de sus hijos en otros espacios ajenos a casa, incluidos los espacios virtuales, la escuela o las actividades extracurriculares. Otras señales de las que hay que estar pendientes son un interés repentino en la muerte, dejar rastros de mensajes extraños y preocupantes en redes sociales, que comiencen a correr riesgos innecesarios o a descuidar su aspecto físico, además de tener y expresar pensamientos negativos sobre sus cualidades y logros.

El doctor Carlos Casas Vilchis, subdirector de operaciones en Hominium México, una organización que ofrece servicios de salud emocional, dice que para entender la depresión —y por ende el suicidio infantil—, hay que reconocer que vivimos en una sociedad global que evita tocar el tema, lo cual dificulta el diagnóstico temprano, así como que se hagan políticas públicas preventivas con base en conocimientos.

La primera acción preventiva, recalca, viene de quitarnos el egocentrismo, dejar de hacer las cosas por nosotros, conocer esos intereses ocultos que respaldan nuestras decisiones, acciones y omisiones, suplir el egocentrismo con la valentía y con el amor, no tener miedo de enfrentar lo que nos asusta, esos diálogos que pueden revelarnos cosas que no queremos escuchar, pero que tenemos que escuchar.

Casas Vilchis ejemplifica esto con la historia de un hijo adulto que tiene hospitalizada a su mamá; el doctor le ha dicho que su madre sufre y que no hay mucho que hacer sin evitar que sufra más y, aparentemente, el hijo hace una buena acción al pedirle al médico que haga todo lo que esté en sus manos para salvar a su madre. Parece un acto de amor, dice, pero es un acto de egoísmo, egocéntrico. "El trasfondo no es que quieras salvar a tu mamá, es que no quieres pasar por el sufrimiento de perderla."

El psicoterapeuta detalla que el ser humano tiene una baja capacidad para afrontar las dificultades porque por lo regular no dedica tiempo a pensar de manera crítica cómo superarlas para así generar resiliencia. En la dinámica padres-hijos, esto es muy visible; los papás creen que una situación adversa no le va a ocurrir a su hijo y, si le ocurre, usualmente la minimizan: "Al rato se le pasa", "es un berrinche". Pero esto no habla de los pequeños, sino de los padres que no quieren enfrentar lo visible, ser objetivos y decir: "Mi hijo está triste", "mi hijo no se siente bien", "mi hijo ya no se ríe, ¿qué puedo hacer?"

Entonces, cuando una depresión avanza hacia un estado irreversible, los cuidadores aseguran que siempre vieron a sus pequeños bien, "pero no, en realidad es la incapacidad de ver los hechos, es nuestro egocentrismo". Una cosa es un pequeño cansado tras un largo día de escuela, otra un niño que duerme todo el día o que no duerme ni en las noches, que no quiere comer o que come demasiado, que ya no quiere jugar, que dejó de usar sus juguetes, que nada parece interesarle, que se aísla, se ensimisma. Por eso hay que tener los sentidos alerta, involucrarnos, preguntar, dialogar, no hay mejor método de prevención.

## ¿Qué hacer si detecto focos rojos?

No tengo duda de que todos, ante el miedo y la incertidumbre que el covid ha traído, hemos hecho un esfuerzo enorme por mantener la calma y ser positivos. Hay días buenos, días casi buenos y otros que quisiéramos olvidar. Adultos y niños estamos en un vaivén emocional e inmersos en ese movimiento. La tristeza, la ansiedad, la desesperación y la ira aparecen quizá más frecuentemente que la felicidad, el agradecimiento, la alegría.

Sin embargo, es importante que si con el paso de los días las emociones abrumadoras se mantienen, prestemos atención. Nadie quiere estar atrapado en la negatividad eterna, lleno de desesperación, sin encontrar felicidad ni gozar. Desafortunadamente, momentos como los que trajo consigo la pandemia son un caldo de cultivo perfecto para la depresión, sobre todo en niños y adolescentes.

Otro factor de riesgo es la pérdida de parámetros culturales, como ha ocurrido en muchas familias con la pandemia de covid-19, que suman a lo que ya hemos perdido todos —la sociedad y la vida como la conocíamos—, reubicaciones, mudanzas a hogares de otros miembros de la familia que conllevan hacinamiento y riesgos de violencia y abusos.

"Ante todo esto, el niño sufre y si no hay un respaldo, el sufrimiento aumenta y puede volverse incontrolable", señala Casas.

Aunque hay algunos síntomas de alarma, no hay que olvidar que son sutiles, que aparecen de poco en poco y que nos puede resultar fácil, en medio de todas las preocupaciones diarias, pasarlos por alto. Pero el conocimiento, insisto, es poder, y saber que esta es una posibilidad latente, saber qué síntomas tiene la depresión, nos puede poner más alertas y propensos a intervenir con mucha mayor anticipación antes de que el problema escale.

Cualquier síntoma es razón suficiente para tomar nota y dar seguimiento. Ayudarles a los niños y adolescentes a sentirse cómodos hablando de sus sentimientos, como parte de un modelo de crianza positiva, se vuelve indispensable en momentos de crisis, de cambios abruptos y de pérdidas, señalan los especialistas.

La escucha requiere tiempo y dedicación. A veces les damos la impresión a nuestros pequeños de que sus sentimientos no importan o que no tenemos el tiempo para tratar de entender lo que nos quieren decir. Escuchar es un acto de amor y de respeto al otro.

Hay muchas cosas que no existen sin escucha. El periodismo, por ejemplo, no existiría; el primer paso de todo periodista es escuchar con los oídos, pero también con el corazón, para capturar más allá de las palabras esos mensajes entre líneas que nos dicen más de lo que los labios pronuncian, esas tristezas, esos miedos o esos dolores que se oyen en medio de los silencios. Y cuando uno escucha, sin miedo a la falta de palabras, reconoce que aun ahí hay un diálogo y entiende: dedicando el tiempo necesario, uno entiende, ve, siente. Y la escucha ya no es solo el acto de oír, sino que es también acompañamiento, respaldo, protección, respeto. Así se consigue impacto, en el periodismo y en nuestra cotidianidad, en nuestras relaciones con esas niñas y niños que dependen de nosotros, los adultos.

Pienso que si Julio Cortázar hubiera escrito unas instrucciones para escuchar, hubiera dicho algo similar. Le sumaría buscar un lugar donde nadie interrumpa, dejar afuera de ese espacio los juicios de valor y quizá sumar unas crayolas y unas hojas para hablar también con dibujos; o elegir un lugar con plantas o árboles o donde sea posible ver el cielo, un lugar donde quien escucha, ya escuchador perfecto, pueda discretamente sembrar una semilla de alegría, de respeto y amor en el escuchado con solo una mirada. Entonces, escuchar se volvería un hábito, tanto para el que escucha, como para el que es escuchado.

Hablo del silencio como parte del diálogo porque no sé qué tiene esa ausencia de sonido que nos apresura a rellenarla con palabras, como si con esas palabras pisáramos un acelerador que nos sacara de la incomodidad. Pero, en serio, en los silencios hay mucha más información que en las palabras, porque en estos las personas piensan, analizan en su mente lo que les ocurre, se explican cosas y, a veces, encuentran respuestas. Por ello, ya dijo la cronista Leila Guerriero: "Escuchen lo que la gente —sus hijos, agrego— tiene para decir. Y no interrumpan [...] Sientan la incomodidad atragantada del silencio. Y respeten".[4] Habrá cosas valiosas, es una promesa.

Casas Vilchis también insiste en la importancia que tiene escuchar a niñas y niños como método de prevención porque, resalta, vivimos en una sociedad en la que mal entendemos la contención emocional y en vez de aportar, terminamos magnificando el bloqueo de los sentimientos. "Alabamos la falta de emociones y ese es el mensaje que les damos: 'Mi hijo no se queja', 'no llora', 'no hace berrinche', 'siempre se porta bien' y no les damos la oportunidad de vivir, explorar sus emociones, porque les mostramos que ese estado es el único válido." Y luego, en suma, nos equivocamos al decir que a los adultos hay que obedecerles en todo porque eso los pone en riesgo y, ante la falta de diálogo, los niños terminan cargando solos, aislados, pesadillas hechas realidad.

---

[4] Leila Guerriero (2015). *Zona de obras*. Barcelona: Anagrama.

Además del diálogo y la escucha, los especialistas recomiendan hacer una visita con un pediatra para descartar que la depresión sea consecuencia de alguna afección física —en caso de ser necesario, el pediatra lo canalizará a un especialista—. Sin embargo, siempre es recomendable acudir con un especialista en salud mental que pueda evaluar la gravedad de los síntomas y los caminos para ayudar a las niñas y los niños.

Acudir con un especialista tampoco es suficiente; los adultos alrededor debemos seguir procurando el ejercicio pleno de los derechos de niños y niñas. Primero, cuidar que tengan una alimentación nutritiva, que duerman lo suficiente y que se ejerciten, porque esto ayudará a mejorar su estado de ánimo. Como lo hemos abordado en el capítulo sobre crianza positiva, el tiempo de calidad es indispensable, así como lo es reforzar su identidad de forma positiva, con paciencia y comprensión.

El doctor Casas explica que cuando un niño nace, son los padres los que le dan significado a su existencia, los que la validan, los que le crean una imagen de quién es. Esta imagen puede ser variable, puede haber padres que signifiquen a sus hijos como niños educados, atentos, espontáneos, amorosos, honestos, pero también hay otros padres que, lejos de validarlos positivamente, les crean una imagen negativa de sí mismos a partir de gritos: "No hables", "cállate", "estate quieto", "eres un estorbo", "eres un error". Todo esto deja huellas muy profundas porque es así como aprenden a percibirse y, por supuesto, también se comportan y relacionan a partir de esto.

Los niños vienen al mundo a explorar, a jugar, a descubrir y los adultos tenemos que garantizarles todo esto y reconocerles cada pequeño paso que dan. El ser humano, a diferencia de otros mamíferos, necesita apoyo de los mayores durante muchos años para terminar de madurar, no solo en la parte física, también en la emocional.

"A los niños hay que reconocerles sus calidades, insertarles 'chips' que les sean útiles, que les den confianza, siempre con límites y sin sobreprotegerlos porque la sobreprotección también es violencia."

Los problemas mentales, en mayor medida, son semillas que se siembran en las etapas base del desarrollo y que van germinándose hasta requerir atención especializada. Un niño que puede desarrollar algún problema de salud mental es aquel que no sabe quién es, que no tiene una significación positiva, que no es escuchado, que es agredido, que puede ser víctima de abuso sexual, físico, psicológico o económico, y que, en suma, habita en una atmósfera insegura: con abandono familiar, que no necesariamente tiene que ser la ausencia física, sino padres que lo ignoran o que pelean todo el tiempo.

## Miedo, ansiedad y estrés

Cuando era niña, mi mamá y mi abuelita, mis cuidadoras principales, solían inscribirme a cursos de verano. Tenía aproximadamente siete años cuando ingresé a uno que tenía

—entre sus decenas de actividades recreativas— clases de natación. Lunes y miércoles a las ocho de la mañana lo que hacíamos los de mi grupo era nadar, siempre con flotadores o una tabla que nos diera seguridad.

Como en todo curso de natación, había la misión de hacernos avanzar hacia la independencia acuática; así que un buen día, a mediados del curso, a los profesores les pareció adecuado formarnos —sin flotadores ni tablas flotadoras— en la orilla externa cercana a la zona honda de la alberca. De pronto, vi que los profesores empujaban uno a uno a mis compañeros al agua, sin previo aviso, en espera de que el instinto de supervivencia les mostrara que su cuerpo estaba hecho para flotar. Me aterré. Salí de la fila y me fui a esconder detrás de una enorme maceta que cubría todo mi cuerpo. Pero los profesores me encontraron y yo abracé la enorme maceta para evitar que me aventaran. Aunque era evidente mi terror, hicieron todo para que me soltara y, en cuanto lo lograron, me aventaron directo al agua. No recuerdo lo que sentí, me nublé y tuvieron que ingresar para sacarme.

Por supuesto, jamás le dijeron a mi familia y yo, en mi mente de niña, me sentía avergonzada de no haber dado ese paso con "éxito". A partir de entonces, cada lunes y miércoles por la mañana, casualmente, me despertaba con dolor de estómago. Una semana. Dos semanas. Lo mismo. No había nada que pudiera sacarme de la cama para llevarme a la alberca del terror. Luego, cuando miraba que el reloj marcaba que esa clase había terminado, me recuperaba como por arte de magia y pedía que me llevaran al curso. Elena, mi abuelita, sospechó de inmediato que algo no estaba bien y cuando se acercó a preguntarme y le conté lo que había pasado, descubrió que mi dolor de estómago era en realidad un miedo tremendo a volver a la clase, el cual me hacía imaginar que si volvía me moriría ahogada. Elena fue y armó toda una revolución en el curso de verano por el mal manejo de los profesores, pero sobre todo, me explicó que si bien había tenido una mala experiencia, no siempre sería así. Regresé a las clases y me tomé el tiempo necesario para volver a entrar al agua, recobré la confianza y solo así la ansiedad y el estrés desaparecieron.

El estrés es la forma que tiene nuestro cuerpo de responder ante cualquier tipo de demanda o amenaza. Aunque es un mecanismo de supervivencia que nos ayuda a enfrentar situaciones complejas, cuando se acumula y se vuelve un estado constante, produce problemas de memoria, dificultad para concentrarse, juicio pobre, negatividad, preocupaciones constantes —bruma, sensación de soledad— e incluso problemas físicos como diarrea, náuseas y dolores. El estrés es uno de los principales causantes de la depresión y la ansiedad.

Las fuentes de estrés están asociadas a presiones que a menudo provienen de motivos externos, como la familia, los amigos o la escuela, pero también de pensamientos propios que en ocasiones no coinciden con la realidad, pero que pueden desarrollar problemas mayores. Otras fuentes son las noticias de lo que pasa en su familia y en el mundo y que, ante la falta de una explicación y orientación por parte de sus cuidadores, también generarán ideas propias que no tienen sustento en la realidad, pues parten de la búsqueda de una explicación. Las enfermedades, las pérdidas de seres queridos o las separaciones también son factores estresantes. Para aliviar la carga de responsabilidades, los niños necesitan jugar de forma recreativa, relajarse, hacer cosas que disfruten sin que estas sean obligatorias, como a veces sucede con las actividades extracurriculares y, sobre todo, contar con una red que los respalde.

Del estrés se deriva la ansiedad y, al mismo tiempo, la ansiedad provoca más estrés. Esta última es una emoción que surge como parte de un mecanismo de defensa y que provoca alteraciones a una persona que juzga o valora un suceso o circunstancia como aversiva, imprevisible e incontrolable y que, potencialmente —sin algo que nos dé en verdad certeza—, podría significar una amenaza para el individuo que se ve a sí mismo indefenso, incapaz de hacerle frente.

El miedo es la raíz de esta emoción. Según explicó Gerardo Sánchez Dinorín, neuropsicólogo y terapeuta cognitivo conductual, en el foro Indicadores de depresión y ansiedad en niñas, niños y adolescentes del UNICEF, el miedo es esa alarma primitiva que surge ante una amenaza, eso que detectamos como un peligro inminente y que nos obliga a activar los mecanismos necesarios para ponernos a salvo.

Para lograrlo, cada persona inicia un proceso cognitivo que le ayuda a valorar si el peligro es real o potencial, que hará que nuestro cuerpo se altere con la misión de que se prepare para la acción. Algunos cambios que podemos notar en el cuerpo cuando entramos en estado de alerta son la dilatación de las pupilas, sequedad en la boca y el corazón acelerado, aunque también ocurren cosas que no siempre notamos, como que nuestra actividad digestiva o liberación de glucosa se detenga. La ansiedad es el miedo incontrolable, una respuesta a situaciones que nos resultan sorpresivas, nuevas o amenazantes, según la *Guía clínica para los trastornos de ansiedad en niños y adolescentes* del Instituto Nacional de Psiquiatría Ramón de la Fuente.[5]

Esta emoción, hecha para ayudarnos a adaptarnos, en algunos casos puede tener el efecto contrario; el miedo excesivo hacia algo que no es necesariamente peligroso puede ocasionar disfunción en la vida cotidiana, es decir, convertirse en un trastorno de ansiedad, que "es una enfermedad que tiene como síntoma central una ansiedad intensa, desproporcionada, persistente y que afecta en varias áreas la vida cotidiana de quien la padece, al grado de que le dificulta o le incapacita estudiar, trabajar, convivir con su familia o con sus amigos".[6]

---

[5] Eva Cárdenas, Miriam Feria, Lino Palacios y Francisco de la Peña (2010). *Guía clínica para los trastornos de ansiedad en niños y adolescentes*. México: Instituto Nacional de Psiquiatría Ramón de la Fuente.

[6] *Idem.*

En niñas y niños, la ansiedad es de cuidado cuando los pensamientos en torno a ella impactan en la vida social cotidiana, como en el funcionamiento escolar y en su interacción con otros, también cuando se vuelven frecuentes o duran mucho tiempo. En todo caso, su presencia no debe ser desestimada porque está relacionada con alteraciones químicas en el cerebro que, a decir de los especialistas, pueden deberse a diversas causas como componentes hereditarios (padres o familiares con antecedentes de ansiedad u otra enfermedad mental), algún suceso anormal, traumático e inesperado y estrés ocasionado por el ambiente en el que se desarrollan los pequeños.

Las psicólogas Lucía Quintana Moye y Elsa Maldonado Santos realizaron un estudio en niños habitantes de Ciudad Juárez, Chihuahua, que habían sido testigos de violencia en la calle. En el estudio, buscaban responder si había una correlación entre padecer ansiedad y el haber sido testigo de algún tipo de violencia como asaltos, tiroteos, heridas de bala y riñas. El grupo estaba compuesto por más de 50 niños y niñas de entre siete y 12 años, de los cuales 29 habían sido testigos de violencia extrema. Tras un análisis exhaustivo, las especialistas concluyeron que hay una elevada proporción de ansiedad en aquellos que han estado expuestos a la violencia. En suma, encontraron que muchos de los padres tenían una pobre relación con sus hijos, tanto en los niños con ansiedad como en aquellos que no mostraron síntomas, y que los adultos no tenían mucho conocimiento de los problemas escolares, físicos y emocionales que estaban experimentando sus pequeños.

Este estudio, si bien aborda un tipo de violencia extrema que no está relacionada en muchos casos con la dinámica familiar, sí nos permite ver el impacto que tiene la violencia en la vida de niñas y niños y en la propensión de que estos desarrollen alguna enfermedad mental. También nos muestra la frecuencia con la que los padres desconocen el estado emocional de sus hijos.

Por ello, hay que enfatizar la importancia que tiene estar atento de cualquier anomalía en el comportamiento. Muchas niñas y niños muestran su ansiedad de forma somática, como pueden ser dolores de estómago, de cabeza, náuseas o problemas para dormir —incluyendo pesadillas o terrores nocturnos—. Estas son algunas de las formas de expresar las emociones que tienen acumuladas y que les es difícil poner en palabras.

Otra alerta es la aparición de nuevos miedos irracionales a cosas como que le caiga un rayo a un avión o a las arañas o a las serpientes; o bien, cambios de actitud compulsivos como una necesidad de sentirse limpios todo el tiempo o de no tocar las líneas en el suelo o necesitar tener todo en perfecto orden.

Algunas otras formas de expresión de la ansiedad son, al igual que en la depresión, la ira y la agresividad. Si bien los niños están en natural constante movimiento, la ansiedad también se muestra en una incapacidad de permanecer quietos, como mover los pies o las manos sin cesar, hablar rápido o querer hacer muchas cosas a la vez y no concentrarse en una sola.

Sobre manifestaciones psicosociales, hay que estar pendientes de inhibición, distanciamiento, mutismo selectivo (sobre todo en fobias sociales), evitar acudir a ciertos lugares, o bien, comportamientos de dependencia, querer mantenerse cerca de la figura de seguridad, como el padre o la madre.

Aunque la ansiedad puede presentarse sola, también existe la posibilidad de que se adhiera a otros trastornos como el déficit de atención e hiperactividad, la depresión o, en niños mayores y adolescentes, el consumo de sustancias tóxicas.[7]

Para ampliar un poco más la información sobre los tipos de trastornos de ansiedad, retomaremos la explicación de Sánchez Dinorín en su presentación para el UNICEF. El especialista explicó que algunos de los tipos de ansiedad más frecuentes son las crisis de angustia estimuladas por las sensaciones físicas o corporales que provocan miedo a morir, a enloquecer, desmayarse; el trastorno de ansiedad generalizada tras sucesos vitales estresantes o preocupaciones personales como el miedo a resultados adversos a los esperados en circunstancias específicas, incluida la muerte; la

---

[7] Dirección General de Divulgación de la Ciencia, UNAM (s. f.). "Ansiedad infantil, un problema en aumento." Consultado el 1.° de noviembre de 2020. Recuperado de <https://www.fundacionunam.org.mx/unam-al-dia/ansiedad-infantil-un-problema-en-aumento/>.

fobia social que sucede al enfrentar situaciones sociales o públicas y que surge del miedo al rechazo, a la vergüenza o la humillación; el trastorno obsesivo-compulsivo (TOC) que surge de la creencia de que hay que implementar ciertas acciones o comportamientos para evitar resultados negativos para uno mismo o para los demás; la ansiedad por separación que es el miedo a alejarse de las personas de apego con las que un niño o niña se siente seguro, protegido, y el estrés postraumático, que es el miedo que surge tras recordar vivencias traumáticas, sensaciones asociadas o pensamientos como una vivencia pasada de abuso físico o sexual.

El neuropsicólogo nos pide recordar que, si bien es importante conocer a partir de los síntomas qué tipo de ansiedad pueden estar presentando nuestros niños, lo esencial es buscar a qué tipo de miedo está asociado su comportamiento.

Todo miedo surge de un contexto que provoca una emoción, un pensamiento, una conducta y una respuesta fisiológica que confluyen entre sí. Esto puede volverse un círculo vicioso si no hay una intervención. Los especialistas coinciden en que, como todos estos elementos se afectan mutuamente, al cambiar solo uno de ellos se puede lograr cambiar el efecto que causa la ansiedad en una persona.

Por ejemplo, en la historia del curso de verano, el contexto es la clase de natación y que los profesores me aventaran sin mi consentimiento; eso me llevó a sentir terror, a pensar que podía morir si volvía a ese lugar y, por consecuencia, dolores de estómago los días que iniciaba mis días con esa clase. Al no hablar de la situación, alimentaba mis temores y pensamientos fatalistas, así que la clase, los profesores y el espacio acuático se volvían cada vez más terroríficos. Si mi familia no hubiera intervenido, la ansiedad probablemente hubiera crecido, pero al cambiar mi percepción de la situación, haciéndome ver que el acto de los profesores estuvo mal y que solo yo puedo decidir cómo y cuándo ingresar al agua o a cualquier otro espacio, mi madre y mi abuela me regresaron el control de mis emociones, cesaron los pensamientos fatalistas y dejé de evadir las actividades acuáticas.

## Pensamiento crítico como método de prevención

Los psicólogos hablan de distorsiones cognitivas como el término que define a esos pensamientos irracionales, espontáneos y distorsionados que nos provocan ansiedad, estrés, depresión en la vida cotidiana y que de forma inconsciente nos orillan a mirar la realidad de forma errónea, lo que ocasiona malestar y sufrimiento.

Quizá haya algunos afortunados que no hayan vivido este proceso en medio de la pandemia, pero la realidad es que la mayoría de nosotros hemos tenido estos pensamientos en algún momento. No fueron pocos, por ejemplo, los casos de niñas y niños que pensaron que si mamá o papá salía a la calle o al trabajo se enfermaría de gravedad; otros tantos imaginaron que jamás volverían a ver a sus amigos o ir al parque; unos más, que ya no son buenos para la escuela o que han perdido todas sus habilidades deportivas.

Todos estos pensamientos pueden ser verdad en cierta medida, pero no son del todo ciertos. Depende de la capacidad de análisis que se fomente en los niños para desenmarañar esas complejas construcciones que les afectan y llegan a controlar su manera de ver el mundo y a sí mismos.

En algunos casos, niñas y niños suelen ver las cosas solo como falsas o verdaderas, blancas o negras, sin grises en medio que les ayuden a comprender cómo son en realidad: una mala calificación, por ejemplo, puede hacerles sentir un fracaso total. En otros, los sucesos negativos llegan a ser vistos como definitivos, como si aunque se intentara hacer las cosas mil veces de diferentes formas el resultado siempre fuera el mismo. También están aquellos que se adentran en los detalles y crean historias nuevas, alejadas del verdadero contexto, definidas a partir de sus pensamientos en una experiencia completa: por ejemplo, el niño que fue a un parque de diversiones, pero no lo dejaron subir a un juego y, aunque la pasó increíble en los demás, lo único que rescatará es el sentimiento negativo. Por último, los que sin evidencia alguna pueden creer que otras personas están pensando mal sobre ellos o que esperan que las cosas salgan mal sin darse la oportunidad a ser neutrales o positivos.[8]

[8] Beatriz Sarrión (2014). "Las distorsiones cognitivas en la infancia." *Psicovalencia*. Consultado el 1.° de noviembre de 2020. Recuperado de

A estos se adhiere un listado que el UNICEF, por medio de sus especialistas, se ha encargado de difundir:

Personalización: "Por **mi culpa** mis papás se separaron".

Visión catastrófica, pensar en lo peor: "Si un perro me muerde, me voy a morir".

Sobregeneralización: "**Todos** los maestros son malos".

Falacia de cambio, hacer una acción para obtener un resultado anhelado: "Si saco 10 en matemáticas, mis papás me van a querer".

Razonamiento emocional: "Siento que no me invitaron a la fiesta porque me odian".

Etiquetación: "Soy tonta", "No sirvo", "Soy débil".

Los deberías: "Debo ser el mejor alumno", "Tengo que sacar 10 en todo".

Recompensa divina: "Si les regalo cosas a mis amigos, me van a invitar a sus cumpleaños".

Para combatir estos pensamientos, el organismo sugiere un diálogo con los pequeños para ayudarles a buscar evidencias que sustenten o que desechen esos pensamientos —siempre

<https://psicovalencia.wordpress.com/2014/06/13/las-distorsiones-cognitivas-en-la-infancia/>.

considerando su edad y sus herramientas adquiridas—. También sirve ayudarles a encontrar explicaciones alternativas a los hechos que les provocan estos pensamientos. Además, es útil preguntarles qué es lo peor que podría ocurrir y cómo lo afrontarían, qué es lo mejor que podría ocurrir y, para finalizar, qué es lo más real. Así amortiguamos el impacto. El siguiente punto es que el niño o la niña identifique cuál es el efecto que tiene su pensamiento en sus emociones y hacerle notar que cambiar el foco de esa mirada puede aliviar la ansiedad o la tristeza. No se trata de solo decir "piensa positivo", sino de ser realista. Por último, sacarlo del ensimismamiento, hacerle ver la situación como si él fuera un espectador y no un protagonista: "Imagina que tu amigo está pasando por lo mismo que tú, ¿qué le dirías para que se sienta mejor?" Para cerrar completamente el círculo, pensar en una solución, porque a veces cambiar el pensamiento no es suficiente, hay que acompañarlo de acciones.

Para que esto sea efectivo, hay que enseñarles la diferencia entre pensamiento —aquello que nos viene a la cabeza—, emociones —cómo nos sentimos— y conducta —lo que hacemos—. Y así como ahondamos en el ciclo que se cumple ante un contexto, explicarle que estos tres elementos se complementan entre sí, es decir, que nuestros pensamientos determinan cómo nos sentimos; y el cómo nos sentimos repercute en cómo actuamos.

Para identificar si nuestros niños tienen algún pensamiento distorsionado, podemos ayudarles en su proceso de análisis de sus diálogos internos al identificar que hay un bloqueo, una agresión, un enojo o llanto o cualquier actitud extraña ante determinado hecho y preguntarle: "¿Qué piensas cuando ocurre esto?" "¿Qué crees que va a pasar si esto ocurre?" "¿Qué te gustaría que pasara?" "¿Qué has hecho en otras ocasiones?" "¿Qué podrías hacer para sentirte mejor?"

El acompañamiento en todos estos casos es indispensable en una era en la que el acceso a internet, el uso excesivo de dispositivos electrónicos, la inmediatez, las realidades virtuales impactan en todas las esferas de la vida y, por supuesto, también en la salud mental.

La organización Save the Children reportó que con la llegada del covid-19, uno de cada cuatro niños aumentó su nivel de ansiedad —en la mayoría de los casos, a causa del aislamiento, la falta de juego al aire libre y el estrés por el distanciamiento social—.[9]

"No podemos subestimar el impacto que la pandemia está teniendo en la salud física y mental de los niños y niñas. Están sufriendo muchos cambios de alto impacto en un periodo de tiempo muy pequeño. Debemos actuar ahora si queremos evitar problemas mentales a largo plazo", dijo como parte del comunicado Anne-Sophie Dybdal, experta en protección infantil y salud mental de la organización.

---

[9] Save the Children (2020). "Save the Children advierte que las medidas de aislamiento social por la covid-19 pueden provocar trastornos psicológicos en niños y niñas." Consultado el 1.° de noviembre de 2020. Recuperado de <https://www.savethechildren.es/notasprensa/save-children-advierte-de-que-las-medidas-de-aislamiento-social-por-la-covid-19-pueden>.

La pandemia vino a sumar riesgos en materia de salud mental a la infancia, luego de una tendencia de varios años al alza en cuanto a estrés, depresión, ansiedad y otros trastornos agravados por el incremento del uso excesivo de redes sociales.

En su más reciente libro, *La fábrica de cretinos digitales*, el neurocientífico Michel Desmurget nos recuerda que los medios electrónicos deben ser considerados un grave problema de salud pública por las consecuencias interminables que traen consigo: obesidad, trastornos de la conducta alimentaria, depresión, sedentarismo, violencia, conductas sexuales de riesgo, etc. El director de investigación en el Instituto Nacional de la Salud de Francia advirte en su publicación que los jóvenes de hoy en día, nativos digitales, son la primera generación de la historia con un coeficiente intelectual (CI) más bajo que la generación que les antecede, en contraste con lo que históricamente había ocurrido: que generación tras generación el coeficiente intelectual iba en aumento. Si bien el mundo digital es un factor que se conjuga con la mala nutrición —que también ha tenido decadencias— y la baja calidad de los sistemas de salud y de educación, la presencia digital sí es un factor que está dejando secuelas en su desarrollo cognitivo y, por ende, en su salud mental.[10]

---

[10] Michel Desmurget (2019). *La fábrica de cretinos digitales*. Barcelona: Península.

El psicólogo David Trejo nos recuerda en entrevista que los papás deben tener una participación activa en las cosas que consumen sus hijos en línea, así como en el tipo de información a la que tienen acceso. En suma, pide entender y compartirles que lo que se ve en el mundo virtual, en redes sociales, son apariencias, fragmentos de realidad sin contexto que no reflejan la vida real de las personas y que, por lo tanto, no pueden compararse con experiencias personales.

El filósofo José Carlos Ruiz en su libro *El arte de pensar para niños* hace énfasis sobre las dificultades que niñas, niños y adolescentes están teniendo para distinguir lo virtual de lo real; como mecanismo para evitar que estén condenados a vivir en una era de ficción, propone instaurar el pensamiento crítico como la herramienta que dará luz ante los problemas de salud mental derivados de su interacción con la virtualidad y la idea de que no cumplen con los estándares de felicidad, éxito y belleza instaurados en los medios, así como con otros problemas cotidianos que minan su salud.

Su hipótesis, comprobada por medio de una metodología detallada que puso en práctica con niños y adolescentes, es que la única forma de educar correctamente y aportarles resiliencia, criterio e inteligencia en la toma de decisiones es enseñarles a pensar por sí mismos.

Y pensar, dice el filósofo, no es razonar porque razonar es solo llegar a conclusiones lógicas bajo modelos preestablecidos que no dan la apertura a elegir la mejor opción de todas las posibles, sino que las elecciones se basan en escenarios ideales que no son necesariamente viables o reales. Agrega que pensar va de la mano con sentir. "Pensar tiene como objetivo principal entender esa unión de datos, sentimientos y emociones que están en un determinado contexto, tanto los nuestros, como los demás."[11]

Desde diversos campos —psicología, psiquiatría, neurociencia y filosofía— la evidencia respalda a los expertos: las niñas y los niños necesitan acompañamiento y una guía responsable, adultos conscientes del rol que ejercen en la vida de los más jóvenes. Los pequeños tienen voz, hay que escucharlos; están aquí para aprender lo mejor de nosotros y del mundo. Hay que asumir esa responsabilidad con paciencia e inteligencia emocional. Somos su ancla ante un mundo desconocido, su lugar seguro, su escudo. Llenemos esas mentes hambrientas de conocimiento con amor, con fortaleza y con pensamiento crítico que les haga cuestionar, crear y curiosear todo lo que pasa en su vida.

---

[11] José Carlos Ruiz (2019). *El arte de pensar para niños.* España: Toromítico.

# Ciberseguridad: pierde el miedo

Vivimos en dos mundos. Por un lado, tenemos una vida tangible en la que podemos mirar, escuchar, oler, saborear y sentir todo lo que pasa a nuestro alrededor; por el otro, todos los días, ingresamos por medio de una computadora, una tablet o un celular a un mundo en donde nuestros sentidos quedan aislados, que se mueve a ritmos exponencialmente veloces y donde existen reglas diversas que a veces no alcanzamos a comprender.

La llegada del internet supuso un avance tecnológico en beneficio de la humanidad luego de que 1983 quedara enmarcado en la historia como el año de su nacimiento y, aunque durante la primera década, tras su creación, su desarrollo fue ligeramente lento, para 1997 ya había más de 200 mil sitios en línea, un incremento de más de 2000% respecto a las *webs* que existían cuatro años antes.

Con los años 2000 lo que vino fue la aparición de las primeras redes sociales que encantaron a las generaciones más jóvenes. Llegó MySpace, Hi5, MetroFlog, Facebook, Twitter y, en 2010, Instagram. Con el paso del tiempo, algunas desaparecieron, otras nacieron y unas más, implementando modificaciones a sus sistemas operativos y de la mano con los avances tecnológicos en materia de telefonía celular, se volvieron parte de la cotidianidad.

Esto ha supuesto diversas formas de interactuar con el mundo digital según la generación a la que se pertenezca. Están quienes no tienen ningún contacto con internet y les supone un mundo ajeno, complicado y de difícil acceso; luego, quienes tienen un contacto ligero con la oferta virtual, que su uso es exclusivamente recreativo o laboral y que vieron como testigos lejanos cómo internet se volvió parte indispensable de las generaciones más jóvenes; luego, aquellos que tienen un contacto más cercano: jóvenes que conocieron brevemente el mundo preinternet y que crecieron a la par de él y, por último, las generaciones aún más jóvenes que no conocen un mundo sin él.

Estas brechas digitales, al momento de pensar la seguridad dentro de ese mundo virtual, suponen retos que principalmente viven y solventan padres, madres, abuelas, abuelos y todo adulto que funja como tutor de un menor de edad.

Y es que, aunque internet surgió como un don, cual caballo de Troya, implica peligros que no se ven a simple vista y que quienes hacen uso de él no detectan aun estando dentro de dicho caballo.

Originalmente la ciberseguridad surgió como una práctica para proteger la información que se guarda en las computadoras, servidores, dispositivos móviles, redes, etcétera, de probables ataques maliciosos; sin embargo, con el tiempo ha quedado claro que los riesgos de daños a los dispositivos son quizá los menores cuando de personas se habla, especialmente cuando sus usuarios son niñas, niños y adolescentes.

Rosa Pérez, directora de Educación Digital de Gaptain, una organización privada que trabaja para mitigar los riesgos del uso de internet y nuevas tecnologías en niños, niñas y adolescentes a partir de la educación para padres y madres, habla precisamente sobre este falso don que oculta riesgos en su uso cotidiano.

Las familias, detalla, apenas detectan dos o tres peligros como máximo. Mencionan el riesgo de que sus hijos se encuentren con algún pederasta o que puedan tener acceso a pornografía a edades tempranas, pero no más, además de que entre los mayores permea la falsa percepción de que sus hijos están más seguros pasando tiempo en línea porque así permanecen más tiempo en casa, en sus habitaciones, alejados de los riesgos que implica estar en un espacio público o con lo que a veces las familias llaman "malas amistades".

"Es un error tremendo, porque es completamente lo contrario. No está en su habitación, está en un mundo diferente. No sabes con quién está hablando y quizá sea alguien más peligroso que un grupo de amigos en la calle. A los 'amigos' de internet no los conoces, no sabes con quién se está relacionando realmente, qué está viendo, qué está comprando. Nada."

Los riesgos no están centrados nada más en estas relaciones virtuales, sino que además incluyen el tiempo que pasan conectados a ese otro mundo: la adicción al uso del celular, redes sociales y juegos en línea; la vulnerabilidad, el *ciberbullying*, *sexting* y *sextorsión*; así como la posibilidad de que publiquen datos privados y sensibles propios y de otros miembros de la familia. En suma, señala la especialista, hay otra preocupación: la confusión que provoca el uso de dinero virtual en relación con el dinero en la vida real y que los lleva a hacer compras en línea con facilidad sin medir las consecuencias económicas que esto traerá para las familias.

La pregunta que surge entonces es ¿cómo detectar y mitigar todos los riesgos que el uso de internet implica?, considerando, además, que la experiencia que ha dejado la pandemia de covid-19 es que la anexión del mundo real y el virtual llegó para quedarse.

## Pierde el miedo y adéntrate al mundo donde interactúan tus hijos

Para detectar y mitigar los riesgos que implica tener una vida activa en línea, el paso fundamental, a decir de Rosa Pérez, es quitarse el miedo.

No pasa nada si se toma el celular, la computadora o la tablet y se comienza a explorar. Si bien es probable cometer errores, esto no tiene relevancia alguna, todos en la vida real y virtual nos equivocamos; los errores siempre serán aprendizajes.

Cuando uno como adulto ha perdido el miedo a ese mundo desconocido, entonces puede comenzar a adentrarse en las plataformas, juegos y aplicaciones que más frecuentan sus hijas e hijos y conocer por cuenta propia, desde sus propios dispositivos y sin necesidad de invadir la privacidad de sus hijos, qué implicaciones tiene su uso.

"Lo peor que puede pasar es que no te guste", recuerda la especialista.

La única diferencia entre las generaciones más jóvenes y los adultos que no han crecido con el mundo virtual tan cercano es precisamente el miedo a probar el ensayo-error que abrirá las puertas de los nuevos conocimientos.

Rosa pone como ejemplo lo que pasa en los talleres que dan en Gaptain:

> Si a un grupo de alumnos les doy un taller de Google Drive, les tomará dos horas dominarlo; si el mismo taller lo doy para profesores, el tiempo se extiende a seis horas. No significa que los alumnos sean más inteligentes que los profesores, lo que pasa es que un alumno no tiene miedo de probar y descubrir por sí mismo las herramientas que la aplicación ofrece,

> en cambio el profesor usualmente teme equivocarse al elegir el botón incorrecto.

Pero además, señala algo importantísimo: tampoco es necesario conocer todas y cada una de las aplicaciones y probarlas, porque entre los beneficios de la red está una amplia oferta de tutoriales e información, al alcance de cualquiera, que pueden facilitar estos conocimientos.

El siguiente paso es conocer los riesgos a los que sus hijas e hijos son susceptibles de acuerdo a su edad para así encontrar las mejores medidas de prevención.[1]

Los menores de entre dos y cinco años aún no tienen la capacidad de utilizar por sí mismos todos los dispositivos, generalmente son los adultos quienes les ofrecen esa posibilidad de consumir videos en sitios web como YouTube. Si no cuentan con la supervisión necesaria, pueden quedar propensos a material inadecuado para su edad.

Conforme van creciendo, los riesgos van aumentando. Las niñas y los niños de entre seis y nueve años comienzan en ese periodo a utilizar los dispositivos electrónicos de manera autónoma, aunque estos usualmente no son propios, sino que les pertenecen a los adultos de su alrededor. Surgen los primeros deseos de tener sus propias redes sociales

[1] Gaptain (2018). "Comportamiento y peligros para los menores en internet por rango de edad." Consultado el 26 de octubre de 2020. Recuperado de <https://drive.google.com/file/d/1KEN-Q5h3-WqZCwVVu5dGIXu-LaR7Zjxv-/view>.

para mantener contacto virtual con familiares y amigos; sin embargo, aún no tienen la capacidad de diferenciar lo que ocurre en la vida real y la virtual, ni mucho menos las herramientas para mitigar los riesgos que pueden incluir el ser contactados por algún pederasta o compartir datos privados propios y de la familia, como la dirección del hogar, del colegio o las rutinas familiares.

Para quienes tienen entre 10 y 14 años, edades en las que los padres por lo general deciden que son suficientemente grandes como para tener un primer teléfono celular, se suman nuevos riesgos. Este sector es más susceptible al *bullying* virtual, a hacerse adictos a los dispositivos y a la vida en línea, así como a hacer compras sin permiso de sus padres.

El siguiente rango de edad incluye a adolescentes de entre 15 y 17 años, que comienzan a desarrollarse frecuentemente fuera del núcleo familiar, a tener su propia vida social y buscar su propia identidad. Los riesgos están relacionados con el *sexting*, el *grooming* o chantaje sexual y el *ciberbullying*, que explicaré más adelante a detalle.

## Involúcrate

Ante todo esto, insiste Rosa Pérez, la mejor herramienta es estar presentes, hacer un acompañamiento digital que permita educar y supervisar a tus hijos según su edad y, a partir del diálogo y la generación de vínculos de confianza

—como ya hemos insitido en capítulos previos—, hablar de los riesgos y darles herramientas para detectarlos y, sobre todo, hablarlo, para que si tu hijo o hija es víctima de alguna agresión o se enfrenta a algún problema, tú seas la primera persona en saberlo.

"Los casos más graves ocurren porque los niños no se los cuentan a sus padres por vergüenza o miedo a su reacción. Eso hace que sean violentados durante más tiempo y que la experiencia les provoque daños mayores", recalca la especialista.

Recuerda que ellos están en desarrollo y la responsabilidad del uso seguro y responsable de internet está en tus manos. Por eso, así como en otras áreas del desarrollo de tu hijo, lo principal es predicar con el ejemplo en el hogar.

Por ejemplo, si quieres reducir el tiempo que pasa tu hijo utilizando un dispositivo, hay que ofrecerle alguna otra alternativa para que no busque solo saciar su ocio a través de una pantalla, sino que haga otras actividades que despierten su interés, que puedan ayudarle a la socialización y que le hagan aprender que el teléfono no es indispensable. Sin embargo, esto habrá de mostrársele a través del ejemplo; se puede comenzar decidiendo en conjunto, como familia, que durante la hora de la comida o la cena nadie deberá tener teléfonos cerca y que ni papá ni mamá contestarán mensajes ni llamadas en este espacio.

"Sabemos que las jornadas laborales son extenuantes y que después de trabajar todos estamos exhaustos y tenemos menos tiempo para pasar con nuestros hijos y para buscar alternativas a las pantallas. Requiere un esfuerzo, pero vale la pena. Los hijos imitan a los padres, siempre, en todo lo que hacen, eso no cambia, por eso no podemos pedirles que hagan una cosa que nosotros no hacemos."

Si bien existen las llamadas herramientas de control parental, no es suficiente. El control parental permite controlar el uso de internet, regulando qué contenidos estarán disponibles y cuáles no. Están, por ejemplo, aquellas que se configuran desde el enrutador de la red y que afectan a todos los dispositivos conectados a ella, otras que se configuran desde el dispositivo y que funcionan sin importar la red a la que ese dispositivo esté conectado, y las que se colocan directamente en las aplicaciones como YouTube o en el buscador de Google.

Se utilizan para bloquear contenido que no consideras apto para tus hijos —los padres por lo regular las usan para evitar que vean contenidos pornográficos o de violencia—, también son útiles cuando se quiere restringir el tipo de información que el niño o la niña comparte, el tiempo que pasa en línea y los horarios para ingresar a internet, así como para evitar descargas de contenido peligroso o las compras en línea.

Sin embargo, un control parental es solo un complemento a las reglas que van a regular la dinámica familiar en relación con el uso de la tecnología, desde en qué momento es mejor darle un teléfono a su hija o hijo, pasando por las reglas relacionadas al tiempo de conexión, hasta el tipo de acompañamiento que darán en cada caso, pero esto es fundamental: debe sí o sí haber un acompañamiento. El papel de las familias es fundamental como escudo protector ante cualquier agresión.

Además, como parte del establecimiento de las reglas que regirán el hogar, los especialistas recomiendan que, si se usará un control parental, este tendrá que ser de mutuo acuerdo. Se debe explicar siempre cuáles son los motivos para implementarlo y, sobre todo, cuando existan hallazgos interesantes, como puede ser un número excesivo de horas en determinada aplicación, dialogar.

Otra cosa importante es que hay que empezar con este acompañamiento y con el diálogo desde que son pequeños; se cree que es una conversación que debe empezarse con los preadolescentes o adolescentes, pero esto es más complicado porque son menos receptivos. En cambio, si se empieza con niños de entre tres y nueve años, la aceptación a las reglas y al diálogo será mucho más amable.

No hace falta espiar a tus hijos, salvo que quizá detectes que hay un problema concreto que no quiere comunicar. De acuerdo con las enseñanzas que se predican desde Gaptain, los padres tienen que fomentar este acompañamiento en el día a día para que se forme un hábito y no se perciba como algo negativo, como una invasión. En el tiempo que lleva operando, esta organización ha detectado que las niñas y los niños quieren pasar tiempo en internet con ellos a sus padres, ver películas juntos, jugar, explorar y aprender en línea, algo que usualmente padres y madres no hacen por falta de tiempo y porque no consideran los riesgos a los que sus hijos están expuestos.

Los menores también quieren sentirse seguros en este mundo porque se encuentran con cosas que no les gustan, como imágenes o videos de maltrato animal, de violencia explícita, de terror, etc. Es decir, hay infinidad de contenidos que quizá para un adulto sean comunes, pero para niñas y niños, según su edad, pueden provocar afectaciones en su mente y en sus emociones.

"Por su seguridad, es imprescindible que los acompañemos y después hagamos una supervisión, no un control sino una supervisión. Revisar qué hace y qué juegos tiene. Les puedo asegurar que los padres no tienen ni idea de las cosas que hacen sus chicos, no saben ni el 10% de lo que hacen."

Uno de los tips que Rosa remarca es el de detectar variaciones en la forma de expresión, frases nuevas o comportamientos nuevos que antes no mostraba y preguntarse por qué está utilizando estas palabras, por qué se está comportando así, por qué quiere este juego nuevo. Así, buscando estas respuestas, todo cuidador puede encontrar esas influencias que sus hijos están hallando en internet.

Y no pasa nada si no lo sabes todo. De hecho, es imposible saberlo todo, pero se puede aprender. Toda la información que necesitas para cuidar a tus hijos también está ahí, en ese otro mundo que llegó para quedarse.

## LA PANDEMIA Y LOS TEMORES

Quizá te identifiques con los cuidadores que han sentido que la pandemia está transformando la vida de sus hijos y su relación con la tecnología, quizá también te preocupa que pasen tanto tiempo en línea y que interactúen menos con la vida real, quizá entre la experiencia propia, lo que has vivido y lo que ya te hemos presentado en este libro te sientas intranquilo respecto a lo que vendrá para tu pequeño.

Estas preocupaciones son sanas y, como bien menciona la experta de Gaptain, pueden ayudar a cambiar el chip: es decir, dejar de ver la tecnología, la vida en línea y los avances tecnológicos como un problema y comenzar a verlos como un campo de oportunidad que abra la puerta al conocimiento y nuevas habilidades.

Una madre que entrevisté a inicios de la pandemia de covid-19 para hablar de *homeschooling* decía que una de las razones por las que había apostado por este estilo de vida para sus hijos era que las escuelas no estaban pensando en el futuro ni en cómo las profesiones más demandadas van a virar hacia todo lo relacionado con la tecnología. Ella veía en la educación en casa, a partir de la tecnología y el acceso a internet, una oportunidad para que sus pequeños aprendieran desde muy jóvenes a interactuar con ese mundo que cada vez se vuelve más presente en la vida de todos. Sin embargo, también reconocía la importancia de combinar la estadía de sus hijos en internet con la vida real para desarrollar habilidades sociales que puedan potenciar su desarrollo.

En este mismo sentido, Rosa Pérez dice que es importante combinar su relación con los medios tecnológicos y la vida virtual con el mundo real.

"Muchas veces hablamos de que son adictos porque dedican mucho tiempo [a la tecnología], pero la mayoría de las veces no es que sean adictos, sino que todo su ocio lo tienen ahí. Si tú les ofreces una alternativa, probablemente la dinámica cambie", señala.

Con la pandemia de covid-19 aumentó el tiempo de conexión a niveles infinitos, que de por sí ya formaba parte de la rutina cotidiana. Por eso es tan importante que como familia se encuentren mecanismos para que este tiempo en línea sea provechoso y que las niñas y los niños puedan contar con otras actividades que potencien su desarrollo y sus conocimientos.

Rosa insiste en la importancia de involucrarse en estos temas para ayudar a mitigar riesgos, educar a niñas y niños en materia digital y otorgarles herramientas que les permitan aprender a interactuar de forma saludable con ese otro mundo.

Una situación que sirve de ejemplo de la importancia de este involucramiento parental es el tema de los pagos en línea que, a decir de la especialista, es uno de los más preocupantes porque cada vez niños más pequeños se están acostumbrando a invertir dinero en juegos para avanzar en niveles o comprar accesorios para sus avatares virtuales, etc. Quizá parezca algo inofensivo, pero es una práctica que, en su opinión, provoca confusión entre lo que es el dinero real y el dinero virtual.

"No saben si 10 monedas en ese juego son un euro, ni si eso es mucho o poco porque no son conscientes de ello", señala. En suma, cada vez aparecen más juegos que exigen esto y ocurre que de poco en poco los niños empiezan a gastar mucho dinero de sus padres sin realmente ser conscientes de lo que implica.

La especialista pide pensar internet como un semáforo. Toda la gente sabe para qué sirve un semáforo y cuáles son sus reglas: en rojo, paras; en amarillo, reduces la velocidad; en verde, sigues. Pero, además, todos saben cuáles son los riesgos de no cumplir las normas y, al mismo tiempo, cada quien decide si las cumple o no. Internet funciona igual dentro de una familia. El conocimiento abre las puertas a esas herramientas y sus normas de uso, así como de sus riesgos. Así, con ese conocimiento, cada miembro de la familia definirá si respeta las normas o no, si son flexibles o no.

Por eso es tan importante el diálogo, explicar con total transparencia los pros y contras que trae el uso de la tecnología y recordar que, al final, la batuta recae en ti como cuidador. Tú definirás, en conjunto con tu familia, cómo van a regular el uso de la tecnología en casa, desde el momento apto para otorgar el primer celular, las reglas del uso, la información que se brindará como método de prevención, etcétera.

“Pensar que un menor va a utilizar menos la tecnología con el paso del tiempo es irreal. Va a utilizarla más, por eso hay que enseñarles a utilizarla bien y mejor. Cuanto antes se empiece, va a ser más fácil establecer límites y prevenir”, recalca Pérez.

Usar bien la tecnología, a decir de la experta en tecnologías de la información y la comunicación (TIC), tiene que ver con minimizar los riesgos que esta nos puede proporcionar. Para ello, hay que recordar que uno como adulto tiene que aprender a llevar los valores que se inculcan en el mundo real a ese mundo virtual en el que niñas, niños y adolescentes pasan gran parte del tiempo.

Ante la pregunta de cómo se pueden abordar estos temas con niñas y niños, Pérez respondió:

> Primero, ser transparentes. Así como en el mundo real les dices “no hables con desconocidos”, hacerlo en el mundo virtual y explicarles, por ejemplo, que a veces esas personas que se nos presentan en Facebook o Instagram no son quienes dicen ser y eso es peligroso. Sirve también utilizar casos reales para abordar temas complejos como los efectos del acoso escolar a través de redes. No es decir: “Esto te va a pasar si no obedeces”, sino hacerles pensar y preguntarles, por ejemplo: “¿Viste el caso de la chica que se suicidó porque sufría *bullying*?” e invitarles a pensar cómo fue que este caso ocurrió, qué se pudo hacer para prevenirlo, qué alertas rojas detectan.

En general, explica la educadora digital, no es sentarte con tu hijo y decirle: "Mira, en internet puedes tener pederastas, puedes comprar y te pueden estafar, y además te vas a volver adicto", sino irles presentando poco a poco las cosas y fomentar la reflexión acorde a su edad.

"Hasta que ellos no se vean reflejados, por mucho que les digamos las cosas, siempre van a pensar que no les va a pasar."

En Gaptain, cuando trabajan con grupos de alumnos de diversas escuelas, implementan una dinámica que bien podría replicarse dentro de las familias. Si hablan de temas de *bullying*, por ejemplo, presentan un caso y hacen una especie de simulación: cada miembro de la familia puede representar un personaje —uno puede ser el padre, otro la madre, otro el amigo— y desde ese rol se les invita a pensar cómo reaccionarían ante la situación planteada y cómo resolverían el conflicto.

En el caso de los colegios, detalla Rosa, los grupos discuten entre ellos, llegan a acuerdos y luego presentan lo que plantearon. A veces lo solucionan y otras veces no, pero al final de la dinámica, les muestran que fue un caso real, de una fecha determinada y un lugar específico que también tuvo un desenlace especial. Es ahí cuando comienzan a tomar un poco más de conciencia de los riesgos.

"Es ir planteándolo poco a poco, sin esquivar ningún tema difícil, porque no hay por qué esquivarlo, es así. Si estamos contando algo es porque ha pasado en algún momento. Si contarlo, dialogarlo y analizarlo puede evitar que te pase, o por lo menos si te pasa, que te suene, pues algo hemos ganado, ¿no?"

## *Grooming online* y otros riesgos

La historia comienza así: "Tengo una hija chica y tiene su tablet, con eso de la cuarentena la dejé un poco más en libertad. Le puse Messenger para que se comunicara con sus familiares y la tenía, según yo, checada".

En la narración, la madre de esta pequeña explica que había acordado junto a su hija que para agregar a cualquier persona a sus redes sociales, requeriría su autorización, así que no había riesgos aparentes entre esta nueva libertad y la seguridad de su pequeña.

Sin embargo, esta madre notó que su hija había agregado a un supuesto personaje femenino de una telenovela juvenil de la que era fan. Luego notó que había iniciado una conversación por chat con el personaje y descubrió que, en menos de una hora, la habían enganchado a partir de mentiras para convencerla de compartir fotos íntimas.

Así iniciaba la conversación entre la página falsa y la pequeña:

> Hola Linda como estás!! Te comento que estamos haciendo los Karol Desafíos, concurso por mesenger!! El cual tienes que realizar los desafíos para demostrar que eres una

> verdadera Karolista de corazón!! Si cumples todos los desafíos podrás ganar los siguientes premios: una videollamada, un par de patines autografiados por mí, el modelo que te guste más, un Iphone nueva generación o una Tablet [*sic*].[2]

La niña, que está en una etapa de crecimiento y que forma parte de una generación que no conoce la vida sin internet, aún no tiene las herramientas suficientes para determinar las diferencias entre el mundo real y el mundo virtual, como tampoco le es posible detectar si la persona al otro lado de la pantalla es real o no lo es; por eso, al mirar un perfil con la foto de su artista favorita, quien le envía un mensaje directo y la invita a participar en un juego, responde sus mensajes y le envía audios en los que se escucha su voz. Es decir, no pone en duda la verosimilitud del diálogo y mucho menos se percibe en riesgo.

La persona detrás del perfil falso le dice que el primer reto es enviar una foto en donde aparezca sonriendo; la pequeña, emocionada, se toma una foto y se la envía. La persona, entonces, la felicita y le pide una nueva foto, ahora modelando, acompañando el mensaje de un "¡Vamos, tú puedes!" La niña cede. Tras este paso, el abusador detrás de un amable perfil envía el siguiente desafío: pide una foto en traje de baño o ropa interior y vuelve a escribir "¡Vamos, tú puedes!"

[2] Revisión de la denuncia que se compartió por diversas redes sociales especializadas en la difusión de riesgos de internet. Última consulta el 26 de octubre de 2020. Recuperado de <https://www.instagram.com/p/CD4Ekmonfl2/?igshid=ljmxa0viwrm3>.

La niña se niega, dice que está su mamá y que no puede. La persona entonces le sugiere ir al baño y tomarse ahí la foto. La niña vuelve a decir "no" e intenta cambiar la dinámica mostrándole el libro que le hizo a su artista favorita, comparte fotos de su trabajo y desde el perfil recibe un "muy lindo <3". El abusador, sin embargo, insiste, condiciona los premios y la posibilidad de tener una videollamada solo si recibe la foto de la niña en ropa interior. La niña, entonces, cede. Va al baño, se toma un par de fotos y las comparte por el chat. El abusador le dice que para ganar debe enviar ahora una foto completamente desnuda. Afortunadamente, la mamá interviene antes de que esto ocurra.

Este caso no es aislado, al convertir internet en parte fundamental de la vida cotidiana, también acercamos los riesgos que conlleva y que ponen en una situación extra de vulnerabilidad a niñas, niños y adolescentes.

Margarita Griesbach Guizar, directora general de la Oficina de Defensoría de los Derechos de la Infancia, explica que en los últimos años ha quedado evidenciado que los riesgos digitales para este sector de la población son bastos y uno de los más peligrosos es precisamente el de la explotación sexual por medio de dispositivos digitales, un riesgo que se ha incrementado —según sus propios cálculos— hasta en un 400% en los últimos cinco años.

El crecimiento de este delito, explica la especialista en infancia, se debe a diversos factores, pero principalmente a la combinación entre la cantidad de niñas y niños que están en línea con la facilidad de contacto que los abusadores tienen a partir de redes sociales.

"Antes, lo que veíamos eran imágenes de explotación sexual, ahora lo que vemos es la producción a distancia de esa explotación por dos vías: coaccionar a niñas, niños y adolescentes a enviar material sexual o coaccionar a un adulto para que explote a los menores a su cargo y envíe material a distancia", detalla.

Tan solo en 2018, Facebook eliminó 3 mil 200 millones de cuentas falsas entre abril y septiembre, mientras que desactivó 18 mil 500 millones casos de desnudez infantil y explotación sexual de su plataforma en el mismo periodo, un incremento de 42% respecto a los seis meses previos.

La práctica de acoso y abuso sexual *online* se conoce como *grooming* y consiste en formas delictivas de acoso que implican a un adulto que se pone en contacto con un niño, niña o adolescente con el fin de ganarse poco a poco su confianza para luego involucrarlo en una actividad sexual.

Según describe la organización Save the Children, esta práctica tiene diferentes niveles de interacción y peligro que van desde hablar de sexo a conseguir material íntimo y en sus consecuencuas extremas, llegar a mantener un encuentro sexual en la vida real.[3]

---

[3] Save the Children (2019). "Grooming. Qué es, cómo detectarlo y prevenirlo." Consultado el 26 de octubre de 2020. Recuperado de <https://www.savethechildren.es/actualidad/grooming-que-es-como-detectarlo-y-prevenirlo>.

Si bien el *grooming* no solo existe en el ámbito virtual, en los últimos años se ha visto un incremento en el número de interacciones que inician los adultos por medio de redes sociales para crear así vínculos de confianza, lograr el aislamiento del menor desprendiéndole de su red de apoyo —familiares, amigos, personal de los colegios— y generar un ambiente de secretismo e intimidad que pueda favorecer prácticas abusivas y violentas para con el menor.

Usualmente, el abusador crea perfiles que muestran el rostro de otro menor, no su verdadero aspecto físico, utiliza un lenguaje acorde a la edad o bien finge ser algún personaje famoso y admirado por niñas y niños para poder fomentar el acercamiento.

Esta práctica no es lineal, pero hay ciertos patrones de conducta que se repiten entre los adultos acosadores. Por ejemplo, la creación del vínculo de confianza también incluye que el abusador prometa o entregue regalos, ofrezca la atención que el niño o la niña no encuentra en casa y que después utiliza como forma de chantaje y, sobre todo, una vez creado el vínculo, insiste en mantener todo en secreto bajo diálogos que lo hacen sentir especial e importante.

A continuación el agresor medirá los riesgos a través de preguntas sobre la relación con los padres, si alguien sabe sobre sus diálogos virtuales y acerca del acceso que otras personas pudieran tener al dispositivo que utiliza el niño o la niña para comunicarse. Lo que viene después es el abuso como tal: conversaciones sobre sexo para que el pequeño se familiarice con la temática sexual y luego comenzar con las peticiones de naturaleza sexual a partir de mentiras, chantaje, manipulación, amenazas o coerción.

La organización calcula que uno de cada cinco usuarios de redes sociales menores de edad han sido víctimas de algún tipo de acoso en línea, y que si bien no hay una edad que los haga más o menos vulnerables, la mayoría de las víctimas se enfrenta a estas situaciones en la adolescencia.

Dentro de los riesgos relacionados con el desarrollo sexual de niñas, niños y adolescentes, también está el *sexting*, cuyo nombre proviene de la unión de dos palabras en inglés *sex* (sexo) y *texting* (escribir mensajes) y que es una práctica que consiste en el intercambio de mensajes, fotos o videos de contenido erótico y sexual por medio de chats, redes sociales, correo electrónico, entre otros. Si bien puede ser una práctica de exploración de la sexualidad que se da de forma consensuada entre dos personas, conlleva un riesgo para los menores de edad, entre ellos ser víctimas de *grooming* o bien de chantaje sexual a través de las imágenes sexuales que han compartido bajo lo que creían era una relación de confianza.

Estos riesgos encuentran en la prevención la única forma eficaz de erradicarlos. Quizá parezca difícil hablar sobre sexualidad con nuestros hijos e hijas, pero es la única forma de mitigar los riesgos en el mundo real y virtual relacionados con su sexualidad.

La educación afectivo-sexual es la forma en que las familias pueden enseñar a sus niños y niñas a conocerse y respetarse al tiempo que hacen lo mismo con el resto. Es la llave para que ellos mismos, de forma autónoma, puedan tomar las decisiones que más les favorezcan a lo largo de su vida. Para ello, hay que empezar a educarlos desde muy pequeños. Esta llave abre la puerta al entendimiento profundo sobre igualdad de género, consentimiento libre, respeto mutuo, entre otras cosas que le ayudarán a construir relaciones positivas con otros y distinguir aquellas que no lo son.

Por último, recuerda que en ninguna de estas formas de violencia las niñas y los niños son enteramente conscientes de lo que ocurre y que no tienen las herramientas adecuadas para defenderse, así que, si alguno de tus pequeños ha pasado por esta situación, no lo culpes, acompáñalo y ayúdale a superar esta experiencia.

Tampoco olvides que tanto el *grooming* como el chantaje sexual son delitos que deben ser sancionados, así que, si tú o alguien de tu familia se enfrenta a una situación de este tipo, denúncialo.

## Internet es una parte del mundo, pero no es todo el mundo

El mundo que creíamos imposible ya está aquí. Cuando empezó la pandemia de covid-19, todos en el mundo pensamos que sería algo breve. Nadie se imaginó que esa nueva vida duraría tanto y que lo transformaría todo.

Los colegios tuvieron que digitalizarse, en muchos centros de empleo se comprobó que el teletrabajo funciona, en las casas se adaptaron los espacios y se notó: muchos hogares designaron un área específica para tomar clases o trabajar, se crearon nuevas reglas sociales como apagar el micrófono si no se tiene la palabra o apagar la cámara antes de levantarse del asiento. La tecnología suplió las tardes de café con los amigos, las comidas dominicales con los abuelos, las juntas de trabajo, prácticamente todo.

Por una parte, la crisis de salud nos hizo retomar viejas relaciones y aprender a dedicarle más tiempo a la gente que nos importa, nos facilitó el contacto a distancia y, a aquellos que estaban lejos en la brecha digital, les dio un impulso para perder el miedo.

De todo esto, dice Rosa, hay que aprender. Primero aferrarnos a esos contactos que ya se volvieron cotidianos y trasladarlos a la vida real, fuera de una pantalla: "El ser humano necesita interacción, juntarse, verse, tocarse, estar juntos frente a frente".

Lo mismo para las niñas y los niños: no pueden pasarse la vida frente a la pantalla. Necesitan moverse, ir al colegio, hablar con otros niños, jugar, sentir la tierra, oler la vida. Y eso, como en todo, también lo pueden enseñar los padres.

# Jugar para crecer

Cuando hablé con Katia Hueso, bióloga y fundadora de la primera escuela al aire libre, lo primero que me vino a la mente fue el cuento de *Momo* que publicó Michael Ende en 1973. Momo era una pequeña que no tenía padres, pero que estaba segura de existir desde que tenía memoria, que pasaba todos sus días jugando y que sabía que el juego era algo serio, una actividad que requería toda su atención, tiempo, energía e imaginación.

Momo jugaba con todos los niños en un viejo anfiteatro abandonado en una ciudad de la que ya no hay rastro. Jugaban a tener aventuras en el mar, en medio de una tormenta, a lo que le viniera a la mente, durante horas y horas, entre risas, aprendizajes y escucha. Un día descubrieron que a los adultos les robaban el tiempo, que trabajaban y trabajaban con la falsa idea de que así podrían ganar más tiempo en algunos años para entonces sí vivir.

Los niños, liderados por Momo, encabezaron una manifestación con la misión de que los adultos supieran que los hombres grises, conocidos por robarles el tiempo a los humanos por medio de la estafa, les estaban robando su tiempo, haciéndolos trabajar más y más, evitando que disfrutaran la vida hoy. Entonces, como medida, los hombres grises instaron a los adultos a crear las escuelas, espacios que más bien eran símiles de las prisiones, sin imaginación, sin juego, aburridas, espacios que apagaban el alma al tiempo que enseñaban a los pequeños la importancia de ahorrar tiempo, cargándolos de tareas y agobiándolos con la misión de que así los adultos no se distrajeran y siguieran trabajando y trabajando en beneficio de los hombres grises y no de ellos ni de los niños.

Me pregunté entonces en qué momento nos alcanzó la ficción y el juego pasó a segundo plano, incluso para los menores. También en qué momento nos enfrascamos en el trabajo y dejamos de jugar con ellos, cuándo nos acabamos las áreas verdes y cubrimos todo de cemento, cómo permitimos que nos dominara la inseguridad y que se extinguieran las retas de futbol en la calle, los juegos a las escondidillas en la colonia, las salidas en bicicleta en pandilla, el juego del resorte a la salida de la escuela y cómo fue que suplimos todo eso por aparatos que los enajenan y entorpecen su desarrollo.

Katia Hueso habla de las tres A como las limitaciones que ponemos al juego en la naturaleza o al aire libre. La primera es la Agenda que tenemos tanto los padres como los propios niños, por la cual es difícil compaginar todas las actividades que se tienen, como compromisos sociales, profesionales y personales.

"Es tremendamente complicado de solucionar porque hemos entrado a una espiral de cada vez más cosas, cada vez más actividades y es muy difícil ir hacia atrás sin sentir la presión de la sociedad: que tu hijo tiene que saber música, tiene que saber inglés, chino y no sé cuántas cosas más", señala la especialista.

Luego están los Accidentes, el miedo que nos provocan los riesgos —que son reales— y que están ahora mismo en las calles y que se han acrecentado, impidiendo que el juego pueda llevarse a cabo como hace varias décadas. "El tráfico es más denso, más agresivo, los coches son más grandes y más rápidos. Nos quedamos sin espacios para jugar."

Por último, la Abducción —en términos llanos: secuestro—, un miedo lógico que cualquiera que tenga hijos puede sentir cuando salen por primera vez a comprar el pan sin compañía. Nuestra tranquilidad vuelve solo cuando ellos cruzan la puerta de nueva cuenta. "Aunque se ha comprobado que el riesgo a un secuestro es menor que hace 50 años, estamos más expuestos a la información y eso genera miedo, por eso las familias percibimos que el único lugar seguro es dentro de casa."

Y estas tres A, dice la bióloga, nos han hecho robarles a las niñas y los niños lo que se conoce como la experiencia, es decir, estamos extinguiendo las experiencias significativas en solitario, aquellas que forjan la personalidad, que nos hacen identificar lo que nos inquieta, lo que nos gusta, lo que queremos ser en el futuro, con quién nos gusta compartir el tiempo: esas experiencias que nos hacen reflexionar cuando estamos solos sobre quiénes somos.

"Los niños actualmente no tienen ese espacio, no les damos la oportunidad. Les estamos robando el derecho al juego al aire libre y a la libertad."

"¿Qué se pierde cuando les quitamos esto?", le pregunto a Katia a través de una pantalla, en una entrevista vía Zoom en medio de la pandemia, y ella responde:

> Lo más inmediato es lo relacionado con la salud física y la salud mental: se pierde capacidad de movimiento, agilidad, forma física y fortaleza porque, al no ejercitarnos al aire libre, perdemos motivación. Por mucho que queramos movernos dentro de casa, no va a ser lo mismo que hacerlo al exterior, y mucho menos si no es un espacio natural.
>
> A mediano plazo, se traduce en una pérdida del bienestar psíquico, del bienestar mental, porque no tenemos la oportunidad de estar en un espacio abierto tranquilo, sereno, y tampoco tenemos la oportunidad de estar con nuestros pares, con otros niños en solitario. Estamos siempre con la supervisión de un adulto y esto hace que no desarrollemos habilidades sociales de una determinada manera, que no aprendamos nunca a resolver conflictos, cosa que sí haríamos si estuviéramos solos con otros niños y mucho más en un espacio abierto porque las relaciones son más limpias, no tan viciadas por normas externas.

> Más a largo plazo, las consecuencias para la salud aumentan, pero también para la identidad de uno, afectan en el saber quién quieres ser en el futuro; por lo tanto, la salud mental en la edad adulta se puede ver comprometida en el sentido de no saber quién eres, no saber qué es lo que quieres en la vida. Esa es una cosa tremenda.

Fue así, bajo esta premisa y estas preocupaciones, que hace 10 años, cuando estaba en el proceso de escolarización de sus hijos, descubrió que pese a que vivía en una zona de media montaña, cerca de un parque nacional, un sitio popular para salir a pasear y disfrutar de la naturaleza, las escuelas cercanas no aprovechaban esto como una buena herramienta para el desarrollo de niñas y niños. "En todas las escuelas estaban siempre en el interior, tenían un patio, pero era de cemento. Vimos que era una forma de educar muy tradicional, magistral y jerárquica, y junto a otras compañeras nos planteamos que nuestros hijos necesitaban un espacio que les relacionara con la naturaleza, el juego y con un modelo de enseñanza horizontal."

Junto con su compañera, Emma Camina, inició la aventura de construir un modelo educativo de escuela al aire libre, algo atípico en España y el mundo y que tiene como centro el contacto con el medio natural de una forma respetuosa mediante el juego.

"El juego, como decía Maria Montessori, es el trabajo de los niños y yo diría [que] es su vida, es a lo que se dedican."

Los niños se explican el mundo así. El juego les ayuda a canalizar sus emociones, a entenderlas y a expresarlas; tienen la habilidad de convertir cualquier tarea en un juego si se les da la oportunidad porque están hechos para ello. Y el juego es importante a cualquier edad, pero en la infancia es un indicador de supervivencia que permite que las niñas y los niños puedan digerir sus experiencias, incluyendo las más traumáticas.

La autora del libro *Jugar al aire libre* (2019) ejemplifica esto con lo que ocurría en los campos de concentración del holocausto en Polonia, donde los niños, dice, jugaban a asesinar a Hitler porque procesaban toda su drámatica situación a través del juego que les permitía, además, transformar su realidad.

El juego es algo serio que posibilita aprender nuevas habilidades sociales, emocionales, cognitivas y físicas en contextos de bajo riesgo, que además les facilita gestionar sus relaciones, resolver conflictos y ser creativos, muy creativos: "Un catalizador que permite transformar las experiencias en conocimiento y en sabiduría". Es, en suma, un indicador de salud: un niño que juega es un niño sano.

El juego es ante todo y sobre todo una actitud, de acuerdo con la publicación "Juego, juguete y salud" de la Fundación Crecer Jugando. Por lo tanto, define algunas de nuestras capacidades, como aprender del mundo por imitación e imaginar el mundo para transformarlo y hacerlo nuestro.[1] La misma ONU ha reconocido su importancia en el desarrollo al mismo nivel que la alimentación o el acceso a la salud: “El niño debe disfrutar plenamente de juegos y recreaciones, los cuales deberán estar orientados hacia los fines perseguidos por la educación; la sociedad y las autoridades públicas se esforzarán por promover el goce de este derecho”.

Hablamos del juego en medio de una pandemia porque los adultos a veces creemos que es una pérdida de tiempo. Es muy probable que, con el confinamiento, hayamos evitado que nuestros niños jueguen y descubran así una forma de explicarse su realidad, de encontrar soluciones prácticas a este momento estresante.

Históricamente ha habido padres que se han quejado de que sus hijos “se la pasan jugando todo el día”, y pues sí, es su trabajo. Sin embargo, solemos coartar sus procesos en un intento por asignarles tareas que haríamos nosotros. Esto es porque nos han educado a ver el juego como una actividad residual, como algo que haces en tu tiempo libre luego de terminar la tarea, ayudar en la casa, cuidar a los hermanos, en vez de convertir estas actividades-obligaciones en un juego para que así las hagan con goce, centrados en la parte lúdica y no en la molestia física que supone barrer o lavar los trastes.

---

[1] Fundación Crecer Jugando (s. f.). “Juego, juguete y salud.” Consultado el 20 de septiembre de 2020. Recuperado de <https://faros.hsjdbcn.org/adjuntos/1979.1-juegojugueteysalud2007.pdf>.

"Es antinatural pedirles que dejen de jugar, debemos entender que la mentalidad de los niños es fundamentalmente lúdica, si hacemos esto, podemos tener una relación más colaborativa sobre todo en momentos como los de la pandemia."

Para ella, el juego es espontáneo; en el momento en que se vuelve una obligación, algo que vamos a programar, deja de ser juego. "Una vez leí una frase que lo explica muy bien: el juego es como el amor, o es libre o no es juego", detalla. Y en esta línea, es importante que los adultos, como ignorantes del juego, dejemos que los niños comanden en su mayor campo de *expertise* y, si vamos a jugar con ellos, permitamos que ellos nos guíen, dejemos de regañarlos, de intentar enseñarles lo que creemos que es jugar y en vez de eso fluyamos a su lado.

Otra de nuestras entrevistadas para este libro, Katia D'Artigues, madre de Alan, un adolescente con discapacidad intelectual, comparte que todos los días, en la dinámica del hogar y sobre todo en el aislamiento, hay una oportunidad para el juego y, sobre todo, para aprender a partir del juego, como hacer los cálculos para ir al súper y sutilmente implementar las matemáticas o descubrir información sobre bacterias y virus cuando se desinfectan las cosas. "Toda situación cotidiana puede ser una oportunidad de aprendizaje, dime la que tú quieras: poner la mesa, lavar la ropa, trapear los pisos, ordenar por tamaños la vajilla de la cocina, contar cuántos platos tenemos, de qué están hechos, a qué se debe que se funda un foco…" Esto se vuelve más relevante que tenerlos todo el tiempo frente a una computadora sin la certeza de que realmente estén aprendiendo, sin pensar ni disfrutar. Por ello, D'Artigues nos pregunta: "En tiempos así, ¿no sería mejor poner una pausa?"

Reenfocar y mirar actividades lúdicas en familia que puedan desarrollar la creatividad y el pensamiento libre puede abonar a la salud de todos los integrantes en tiempos tan complejos.

El juego visto así es una forma de relajar la tensión que traen eventos como la emergencia sanitaria por covid-19. Si bien no es una solución absoluta y a veces es coartada por la desigualdad de las sociedades, Hueso nos sugiere pensar el juego como una forma de olvidarnos del momento difícil que atravesamos, explicarnos la realidad a partir de jugar como lo hacen los niños, que les aprendamos y dejemos que jueguen como una forma de preservar su salud física y emocional.

"Esto nos ha traído la oportunidad de meternos en su mundo y de tratar de entenderlos, porque nuestro mayor problema como adultos es que no los vemos ni los escuchamos, aunque los tengamos delante."

## Volver al origen

Cuando en la Ciudad de México se volvieron a abrir los espacios naturales, un grupo de amigos montañistas y yo queríamos con urgencia volver a un espacio natural, recuperar un poco de condición y tomar un respiro del aislamiento al que nos habíamos sometido. Pensamos que el volcán Xitle, en el Ajusco, al sur de la ciudad, sería una buena opción y nos preparamos para subirlo un sábado a las siete de la mañana.

Cuando llegamos a la cumbre, nos encontramos con una extraña sorpresa: la cima estaba abarrotada. Había montañistas profesionales, pero también personas en jeans y camiseta. Tuvimos que caminar un tramo más para encontrar un espacio aislado que nos permitiera comer algo con "sana distancia". El descenso fue aún más sorprendente: había tráfico humano, una fila que avanzaba a paso lento con rumbo a la cima del volcán. En todos los años subiendo aquella cima, les juro, jamás me había encontrado con un escenario similar. En otra ocasión, en un recorrido por la recién inaugurada ciclovía de Insurgentes, llegué al Parque Hundido, en la alcaldía Benito Juárez, y ocurrió algo muy similar: tráfico humano, tráfico de corredores para ser más específica. En el Bosque de Chapultepec, una imagen casi idéntica. Era como si de pronto hubiésemos salido todos al mismo tiempo en busca de lo mismo.

Entendí que el encierro nos había hecho volver a necesitar los espacios verdes, el aire limpio, andar por en medio de los árboles, ensuciarnos, caernos, sentir. Entendí también que en una ciudad como en la que habito, donde apenas 20% del espacio es un área verde, donde escasean los parques que no estén cubiertos de cemento, a sus habitantes no nos queda más que ir a esas poquísimas áreas que han logrado sobrevivir, muchas de ellas tras una lucha constante contra la especulación inmobiliaria que apuesta más por estacionamientos y edificios en vez de priorizar los espacios de convivencia y de juego. Pese a la invasión, me alegró mirar a familias enteras caminando rumbo a la cumbre, jugando en los parques, reencontrándose con el origen, carcajeándose tras las clásicas caídas de sentón de la montaña, compartiendo alimento recargados en una piedra o en un árbol y pensé que tal vez algo aprenderíamos de la pandemia: a exigir más áreas verdes, quizá en pro de nuestra salud física y emocional, pero sobre todo a dejarles esas áreas a nuestros niños para que así vuelvan a jugar.

Para Juan Martín Pérez, de la Red por los Derechos de la Infancia en México (Redim), el contacto con la naturaleza se hace más necesario en contextos de aislamiento donde todo se resuelve por medios digitales, con llamadas virtuales que no quedan completamente registradas en nuestro cerebro porque no podemos utilizar nuestros cinco sentidos comunicándonos así. No olemos, no tocamos, no sentimos, apenas vemos y solo escuchamos. Esto es aún más difícil para niñas y niños, que están de un día para otro —incluyendo a los más pequeños— tomando clases virtuales. Por supuesto, esto ha afectado sobremanera su desarrollo neurológico y metabólico por cosas tan simples como la falta de movimiento y de luz solar. "Suena absurdo, pero los niños están teniendo problemas para adherir las vitaminas porque no salen al sol."

El pediatra Alfred Längler del Community Hospital en Herdecke, Alemania, ha explicado la importancia del sol para los niños, sobre todo en los más pequeños. El sol es un elemento indispensable para su desarrollo físico porque la radiación UV, contenida en la luz solar, permite que los niños desarrollen huesos sanos a partir de la vitamina D. Es por ello que recomienda que los bebés y los niños pequeños se expongan directamente a la luz del sol de 30 a 60 minutos al día —con las debidas protecciones como bloqueador, un sombrero y ropa cómoda—, pues la luz solar ayuda a que se produzca suficiente vitamina.[2]

En suma, dice Pérez, el juego libre también está anulado por los videojuegos y la televisión, que, si bien son entretenimiento, no aportan lo mismo que el juego y la construcción de su identidad, un problema aun mayor cuando se trata de personas adolescentes que necesitan, en su desarrollo de autonomía progresiva, tomar distancia de la familia, descubrirse. "Su identidad está vinculada a su grupo de pares y la pertenencia está directamente vinculada al territorio y al entorno geográfico. El estar encerrados ha afectado

[2] Alfred Längler (2020). "¡Saliendo a la luz!" *WELEDA*. Consultado el 18 de septiembre de 2020. Recuperado de <https://www.weleda.cl/magazine/family/saliendo-a-la-luz#:~:text=Las%20personas%2C%20como%20las%20plantas,desarrollo%20de%20su%20estructura%20%C3%B3sea.&text=Solo%20la%20luz%20solar%2C%20o,los%20ni%C3%B1os%20desarrollen%20su%20esqueleto.>.

particularmente su autonomía, identidad y pertenencia." En general, niñas, niños y adolescentes requieren que se abran espacios para su desarrollo y tener contacto con la naturaleza como forma de prevenir problemas de salud mental.

Previo al covid-19, la OMS ya había advertido que las niñas y los niños deben pasar menos tiempo mirando pantallas y tener más tiempo para jugar activamente, sobre todo en la primera infancia —menores de cinco años—, cuando se establecen muchos de los cimientos para sus próximos años de vida y prevenir así la obesidad infantil, enfermedades asociadas a ellas y mejorar su salud mental. El organismo ha resaltado la importancia de establecer desde los primeros años de vida las costumbres necesarias para tener una vida activa físicamente, saludable, alejada del sedentarismo y cuidando el sueño para moldear los hábitos del resto de su vida. "Se trata de potenciar el tiempo de juego en detrimento del tiempo dedicado a actividades sedentarias, protegiendo al mismo tiempo el sueño", dijo en 2019 Juana Willumsen, coordinadora de la OMS para la obesidad infantil y la actividad física.[3] Entre más pequeños, mayor tiempo de actividades físicas requieren —hasta 180 minutos al día de actividad física intensa, evitando pasar más de una hora en un carrito o silla, mucho menos frente a una pantalla—. De los cinco

[3] Organización Mundial de la Salud (2019). "Para crecer sanos, los niños tienen que pasar menos tiempo sentados y jugar más." Consultado el 20 de septiembre de 2020. Recuperado de <https://www.who.int/es/news/item/24-04-2019-to-grow-up-healthy-children-need-to-sit-less-and-play-more>.

a los 17 años es recomendable actividades físicas de mínimo una hora al día.

En Saltamontes, la bosque-escuela al aire libre de Katia a la que acuden unos 15 niños de diversas edades en España, la dinámica cotidiana es fomentar una relación con la naturaleza por medio de juego. Todos los días por la mañana suben a la cima más cercana del bosque y juegan, exploran, suben árboles y rocas, se recuestan en el pasto en el sol o en la sombra y juegan. Después vuelven al refugio y cantan, cuentan historias y toda actividad tiene que ver con la naturaleza directa o indirectamente.

Este regreso al origen, a decir de Hueso, busca que desde pequeños reconozcan que no podemos estar separados de la naturaleza porque separarnos de ella significa maltratarnos a nosotros mismos de alguna forma, a través de problemas de salud y carencias en el bienestar. La pandemia, en este sentido, ha sido un llamado a despertar —desde el punto de vista de la especialista—, a darnos cuenta de lo alejados que estábamos de la naturaleza y de la necesidad de volver a encontrar una conexión. Así como lo vi yo en la cima del Xitle, Katia reporta que en España y otras ciudades también se han iniciado éxodos al campo, a los pueblos, a espacios más grandes, cercanos a la naturaleza, familias planteándose residir en ellos y quedarse ahí; es una especie de instinto básico que nos lleva a buscar cómo sentirnos bien en momentos de tanta ansiedad y así, inconscientemente, lograr que nuestros niños encuentren en estas áreas un poco más de tranquilidad y de relajación. El contacto con la naturaleza se ha demostrado científicamente, ayuda a bajar los niveles de estrés, la tensión arterial y a relajar el ritmo de respiración. Por eso, en momentos de crisis, lo anhelamos, sobre todo considerando el aislamiento instaurado como la principal política.

Esto presenta también una oportunidad en el campo ambiental, pues nos hace conscientes del daño que le hemos hecho a la Tierra y es también una oportunidad para enseñarles a nuestros niños a tener una relación con ella, a conocerla para poder amarla, nombrarla para apropiarnos de ella.

"Nunca es tarde para regresar al origen. Para los padres, los espacios naturales son una oportunidad de conectar con sus hijos, de aprender", dice la bióloga, quien asegura que incluso en el aislamiento es posible generar una conexión a partir de imágenes, videos o asomar la cabeza por la venta para mirar el cielo, escuchar el canto de un pájaro, prestarles atención a los cambios en el clima y a partir de eso dialogar con nuestros niños, aprender de su mundo, de su interpretación del mundo, de sus emociones y sentimientos para dejar de minusvalorarlos.

La propuesta de reconectar con la naturaleza a través del juego y con proyectos educativos o con otro tipo de actitudes en el seno de la familia y apoyadas también por la sociedad y por las instituciones —recalca— es algo que debería ir mucho más allá de la pandemia, porque ahora se habla del tema, se proponen cosas, se propone salir, se propone educar al aire libre, pero esto debería venir para quedarse porque nos estamos jugando no solo una mejor salida de la pandemia, sino nuestro futuro a mediano y largo plazo.

Quizá no haya mejor forma de hablar de la importancia del juego que a partir del poema "Los columpios" de Fabio Morábito, quien resume cómo este elemento del juego tan aparentemente insignificante en la vida humana es clave en el desarrollo de las niñas y los niños.

"Ellos que inician a los niños en los paréntesis, en la melancolía, en la inutilidad de los esfuerzos para ser distintos, donde los niños queman sus reservas de imposible, sus últimas metamorfosis, hasta que un día, sin una gota de humedad, se bajan del columpio hacia sí mismos, hacia su nombre propio y verdadero, hacia su muerte todavía lejana."

# Perder a un ser amado

Ricardo Romero era un padre, un abuelo, un hombre que murió en medio de la crisis sanitaria de covid-19 a sus 77 años. Carolina, su hija, llegó hasta su casa en Cuernavaca, donde él vivía solo, ante un temor fundado en la extraña voz que escuchó de su padre en una llamada telefónica.[1]

Su preocupación la hizo planear una visita exprés a su padre, pues sospechaba que estaba triste o ansioso por el encierro. Llevaba dos meses sin salir, sin ver a sus amigos, sus hijos y nietos. Recuerda que pensó que un poco de compañía le vendría bien, así que de paso contrató a un joven enfermero para que cuidara a su papá durante los días que ella tenía que volver al trabajo.

Cuando llegó, le sorprendió ver a su padre, un hombre que describe como pulcro y cuidadoso con su imagen

---

[1] Parte de esta historia fue publicada en el reportaje "Mi papá ni siquiera es un número. Murió con síntomas de covid, sin prueba y en casa", publicado en *EMEEQUIS* el 10 de julio de 2020.

personal, en pijama. "Me siento muy cansado", le dijo. El plan era que el enfermero se quedara con él esa noche y ella volvería tan pronto le fuera posible, así que regresó a la Ciudad de México. Pero una llamada lo cambió todo: el enfermero le dijo que su padre tenía fiebre y una saturación de oxígeno baja, preocupante. "Así de pronto, sin saberlo, me estaba quedando sin papá."

Habían pedido una ambulancia, pero terminaron por cancelarla porque Ricardo había dejado muy en claro que él no quería morir solo en un hospital. Consiguieron todo el equipo que pudiera mantenerlo seguro. Pero, pese al esfuerzo de los médicos vestidos con trajes como de astronauta, el 10 de mayo de 2020 Ricardo perdió la vida.

Carolina recuerda la muerte de su padre como tranquila, sin miedo, sin dolor. Lo que vino, sin embargo, fue lo más difícil. No solamente era lidiar con la ausencia del hombre que la había criado, sino que a la pérdida se sumaba el miedo a haberse contagiado y contagiar a otros. "De pronto ya no estás ahí con tu papá, lo que quieres es no enfermar tú."

Recuerda que junto con el enfermero desinfectó el espacio con cloro; suplió así el aroma de su padre impregnado en la casa que había habitado los últimos seis años. También que no lloró mucho porque el llanto la hacía sentir enferma y no sabía si era tristeza o covid.

Y es que el covid —reflexiona— te quita mucho. No solo te quita a las personas que amas, sino también la oportunidad de recordarlas, de abrazarse entre todos los que la han querido, contar sus anécdotas, sus chistes. En su historia, su familia puso en pausa el dolor por la pérdida y lo suplió por la preocupación sobre la salud de Carolina y el enfermero. Todo giró alrededor de ella, si había síntomas y cómo iba su oxigenación; el duelo pasó a segundo plano.

El duelo es el proceso psicológico que las personas vivimos tras una pérdida, no importa si esta es una ausencia, una muerte o un abandono, es el camino que recorremos para adaptarnos a la vida sin aquello que hemos perdido, y en diversas culturas se han creado rituales comunitarios para acompañar estos procesos individuales cuando están relacionados con la muerte, como pueden ser los funerales.

Si hubiera habido un funeral como en la vieja normalidad, Caro hubiera contado ante los amigos y familiares de su padre aquella vez cuando, de niña, don Ricky la perdió en la calle, se había distraído viendo unos billetes de lotería; su nieto, un niño que nació de madre Puma, cantaría en honor al abuelo el himno del América que le enseñó a escondidas, y su yerno lo hubiera llorado sin pena ni temor.

Carolina cuenta que, al término de su cuarentena, con prueba negativa en mano, volvió a casa a recuperar lo que el covid le había robado. Lloró lo que se había guardado junto a sus niños y su esposo. Iniciaron un proceso de duelo, necesario para todos, en espera de que al fin de la pandemia pudieran hacer aquel ritual tradicional de los mexicanos, rodeados de la familia, los amigos, las anécdotas, los abrazos, el reencuentro tras el caos. Mientras tanto, en la sala colocaron un pequeño altar con flores de colores, una fotografía de don Ricky abrazando a sus hijos y unas cartas de sus nietos. "Te quiero mucho", dice en un pequeño pedazo de hoja de cuaderno. En otra, una paloma, con trazo de lápiz, abre sus alas y se mantiene al centro del papel: firma Lorenzo.

La historia de Carolina es solo una de las miles que se han repartido por todo el mundo con la llegada de un virus altamente contagioso y ampliamente mortal para aquellas personas que padecen alguna comorbilidad, como obesidad, diabetes, hipertensión, entre otras. El covid-19 y el aislamiento instaurado como la medida más efectiva de mitigación de la pandemia han impedido el acompañamiento del enfermo, la calidez de tomar por última vez su mano y darle una palabra de amor, ha apagado la posibilidad de una despedida, de un homenaje, de un duelo. Y no, ninguna cultura en este mundo estaba preparada para decir adiós así, sin más.

No son pocas las experiencias de quienes vieron por última vez a su padre, madre, pareja o hijo ingresar a un hospital para atenderse y no volver. No son pocas las familias que supieron que alguien querido estaba hospitalizado y nunca más volvieron a hablar con él; y, por supuesto, no son pocos los menores que se quedaron a la espera de que esa persona amada volviera a casa.

Apenas en Estados Unidos se creó una petición en la plataforma GoFundMe para recaudar recursos con la finalidad de apoyar a Raiden González, un pequeño de cinco años que quedó huérfano tras el fallecimiento de sus padres a causa del virus. Raiden ahora está a cargo de su abuela, según reportó NBC News, quien dijo ante los medios que él solo desea tener a su mamá de vuelta. "Solo la quiere de regreso."[2]

Para todo ser humano, la pérdida de alguien amado es una herida abierta que lleva todo un proceso de sanación y las niñas y los niños no están exentos. Para ellos, una pérdida es compleja, difícil de explicar y asimilar porque están en pleno proceso de conocer cómo funciona la vida y de adquirir las herramientas necesarias para enfrentarla.

Teresita Tinajero Fontán, autora del libro *Tanatología para todos. Un camino para enfrentar el sufrimiento humano* y directora del Instituto Mexicano de Tanatología dice que la pérdida es algo inminente de nuestra vida, presente en cada etapa desde el momento en que nacemos cuando salimos del vientre materno para enfrentarnos a un mundo nuevo y perdemos la estadía en ese lugar seguro dentro de nuestras madres.

Desde entonces perdemos todo el tiempo. Perdemos la seguridad del hogar para vivir una nueva experiencia el primer día del colegio; cuando adolescentes, perdemos la infancia, rompemos el cascarón y nos duele el camino a adaptarnos a una nueva forma de ver la vida. Y así como esas pérdidas naturales, tenemos otras, perdemos una

[2] Grupo Zócalo (2020). "Pequeñito de 5 años se queda huérfano tras muerte de sus padres por covid." *Zócalo.* Consultado el 19 de noviembre de 2020. Recuperado de <https://www.zocalo.com.mx/new_site/articulo/pequenito-de-5-anos-se-queda-huerfano-tras-muerte-de-sus-padres-por-covid>.

mascota, amigos, parejas, un empleo, dinero, a una madre o un padre, a un hijo. La pérdida es algo natural que siempre está presente y la mayor de estas, la más natural de todas y la única certeza con la que llega el ser humano al mundo es la muerte: el cese, el fin, el término de la vida.

Y es extraño que aunque la muerte está ahí, a un lado nuestro como lo único seguro que tenemos, no la miremos, la evitemos, la ignoremos, como si en el fondo deseásemos ser eternos, infinitos. Y en cambio, el miedo como la respuesta a esa imposibilidad natural: la finitud. Con el miedo la pintamos como una calavera, sombría y malvada que nos acecha, quitándole con esa representación su naturalidad inherente y la oportunidad que trae consigo, es decir, el reconocimiento de que esa finitud nos hace conscientes de que la vida es única y es hoy.

Este es, a decir de Tinajero Fontán, el primer gran problema de los adultos para con los niños, quienes suelen evitar que vivan el proceso natural que viene tras una pérdida y que expresen lo que sienten. Bajo una falsa buena intención de protegerlos, los adultos suelen otorgarles explicaciones nada realistas sobre lo que es la muerte.

La tanatóloga expone que aunque los adultos no reconozcamos que los niños entienden y sienten, lo hacen, y que por ello es importantísimo que superemos nuestras angustias y temores para poder encontrar la mejor forma de comunicarles lo que ha ocurrido. Si bien no es un proceso sencillo y es normal que busquemos evitarles el sufrimiento que podría provocar enfrentar estos hechos, las niñas y los niños tienen derecho a saber lo que ocurre con la gente que quieren, porque toda pérdida supone un acontecimiento significativo que deben de afrontar también para crecer. Para muchos de ellos, el covid-19 les enfrentó a su primer encuentro con la muerte; esto ha supuesto distintos retos para las familias que han visto interrumpido el ritual tradicional de despedida y duelo a causa de la pandemia; sin embargo, aún en medio de la crisis sanitaria, es indispensable hacer partícipes de estos procesos a las niñas y los niños, encontrar métodos adecuados de comunicar lo que ha ocurrido con la conciencia de que esto marcará la forma en que afrontarán los duelos posteriores a lo largo de su vida.

Así pues, por definición, la pérdida de cualquier objeto de apego provoca un duelo.

## Honestidad: aliada

Teresita Tinajero recuerda estar saliendo de una conferencia sobre tanatología, cuando una mujer la interceptó en el camino. Preocupada, le dijo que su hijo de siete años se quería morir. Extrañada, Teresita le preguntó por qué decía eso sobre su pequeño, a lo que la madre respondió que recién había muerto un niño conocido y la explicación que le dieron sobre la muerte de su amigo era que se había ido al cielo y ahora era un angelito.

El niño —le explicó Teresita— no se quiere morir porque su concepto de muerte a esa edad no es como el nuestro, es diferente, y su deseo de morir es porque él quiere ser un angelito, no porque sepa lo que implica la muerte.

"¡Cómo no va a querer ser un ángel! A los angelitos los pintamos regordetes, brincando entre nubes, felices, sin tener que hacer tareas ni comer verduras. Suena a una gran forma de vivir, ¿no crees?", dice entre risas cálidas la mujer que funge como guía ante el dolor que causa la muerte.

Anécdotas así son muy frecuentes. El doctor Carlos Vilchis, psicólogo en Hominium, al hablar de suicidio infantil también dejó en claro que las ideas de muerte entre niños pequeños surgen tras esa falta de honestidad al momento de tratar lo que es la muerte, pues darles explicaciones fantasiosas solo les hará imaginar escenarios hipotéticos que no coinciden con la realidad, como pensar que la muerte es reversible o que morir significa estar con el ser amado; esto los puede poner en riesgo.

Vilchis recuerda a una de sus pacientes de cuatro años que recientemente había perdido a su mamá. La niña tenía la idea presente de que se quería morir y lo decía abiertamente, lo que preocupó a sus abuelos, quienes eran sus cuidadores. Pero en realidad, su idea no era querer terminar con su vida por una cuestión de sufrimiento, sino morir como ese mecanismo que la ayudaría a ir al cielo a encontrarse con su mamá. Ella solo quería estar con su mamá.

Que los adultos demos explicaciones falsas a los niños viene de lo que el historiador Philippe Ariès[3] describe en su libro *Historia de la muerte en Occidente*: la preservación de la felicidad. Se trata de una práctica que se instauró apenas en el siglo XX en Estados Unidos —que después se esparció por el mundo—: se enseñó a las sociedades a temer la muerte, lo cual suplió la cercanía y naturalidad que se tenía con este momento de la vida y lo convirtió en un tabú, un tema no hablado ni mencionado.

Sin embargo, mantenernos inmersos en ese tabú es un poco ineficiente porque las niñas y los niños conviven con la muerte todo el tiempo. Tinajero lo explica tan simple como con un ramo de flores: hay algunos capullos que apenas van a crecer; otros que están ya en su máximo punto de desarrollo, radiantes y coloridos, y otros más que comienzan a decaer, marchitarse y a perder hojas. Es el ciclo de la vida: nacemos, crecemos y morimos. Es un proceso natural para todos los seres vivos, incluyendo a las personas, que habitamos este mundo.

Explicarles a los menores la muerte es parte de lo que tenemos que hacer para evitarles el sufrimiento asociado a una pérdida, se debe hacer de forma concreta, sin rodeos fantasiosos y acorde con su edad.

---

[3] Philippe Ariès (2000). *Historia de la muerte en Occidente*. Barcelona: Acantilado.

Lucía Bravo Robles, psicóloga, explica en su libro *¿Cómo hablar de la muerte con los niños?*[4] la importancia de conocer cómo las niñas y los niños perciben la muerte según la edad que tienen. Recalca que, si bien no hay una separación como tal de un año a otro, porque depende del contexto de cada niño, para los cuidadores es muy útil conocer cómo podrían estarse relacionando con el concepto según su edad.

Para los menores de dos años, la muerte no es un concepto como tal, sino una sensación de vacío y abandono que provoca desesperación por la interrupción en el cuidado que recibe; por lo tanto, una muerte afecta cuando son sus principales cuidadores quienes faltan.

Quienes tienen entre dos y seis años suelen identificar la muerte como algo reversible o temporal y pueden presentar sentimientos de culpa. La ausencia de su ser querido puede sentirse como un castigo para ellos, lo vuelven personal. En los casos de los niños mayores dentro de este rango de edad, es posible que puedan comenzar a intuir que la muerte es irreversible, que sus seres amados no volverán.

Gradualmente, conforme van creciendo, sus capacidades cognitivas los harán más conscientes de que la muerte es irreversible y natural. Aquellos que tienen entre seis y ocho años comienzan a interesarse por los detalles concretos de la muerte como una forma de explicarse lo ocurrido y aquí pueden surgir algunas distorsiones cognitivas, como creer

[4] Lucía Bravo Robles (2016). *¿Cómo hablar de la muerte con los niños?* México: Trillas.

que un mal pensamiento relacionado con la persona enferma o que ha muerto es la causa del fallecimiento.

Al llegar a una edad de entre nueve y 12 años, la comprensión de la muerte ha llegado a su madurez. Es decir, reconocen la muerte como algo natural en la vida tanto para ellos como para el resto. Usualmente en esta edad pueden sentir responsabilidad de cuidar a aquellos que, según interpretan por lo que ven, están sufriendo, además de que pueden tratar de ocultar su propio dolor con la misión de hacerse notar fuertes. Este último punto se ve acrecentado en la etapa de la adolescencia.

En todo caso, deben darse explicaciones concretas como decir: "Tu abuelo murió", "tu tío murió", y evitar aquellas que dan pie a explicaciones fantásticas, como: "Se fue al cielo", "está descansando", "se convirtió en ángel", "Dios se lo llevó" porque pueden provocar mayor ansiedad, tristeza y miedo.

Los especialistas coinciden en que es importante hablar con la verdad y no temer en mostrar los sentimientos propios como una forma de enseñarles a los más pequeños que la muerte es normal y sentirse afectado por una muerte también lo es. Llorar cuando algo duele es mostrar coherencia emocional. De esta forma aminoramos los sentimientos de soledad e inseguridad que una pérdida humana trae consigo, al tiempo que enseñamos que este reconocimiento es el primer paso de un duelo y, en vez de coartarlo, enseñamos a afrontarlo.

Tinajero es enfática en este último punto. En ese afán de evitar que los niños sufran, tratamos de rellenar sus vacíos con otras cosas. Por ejemplo, cuando un niño pierde una mascota, lo que los padres usualmente hacen es comprarle otra, pero esto le quita el derecho a sentir su dolor, a procesarlo y despedirse de su compañero. Así como en este ejemplo simple —pero no menos importante—, ocurre también cuando se trata de personas: tratamos de distraerlos, evitar que acudan a los funerales, que se despidan, que digan lo que sienten y, en consecuencia, que enfrenten sus emociones y que sanen las heridad que la pérdida dejó.

En la guía *¿Cómo apoyar a niños, niñas y adolescentes ante la muerte de un ser querido por Coronavirus (COVID-19)?* del gobierno de Chile, se recomienda que los adultos piensen en una estrategia de acercamiento y diálogo con las niñas y los niños antes de informarles sobre el fallecimiento de sus seres queridos. Esta estrategia deberá incluir la disposición del tiempo que el pequeño requiera para hacer preguntas y expresar sus sentimientos. Es una preparación previa donde se analiza qué, cuándo y dónde es el momento y lugar ideal —sin interrupciones— para tener esa conversación. La conversación no debe ser aplazada, sino que debe ocurrir tan pronto como sea posible, es una prioridad.

La mejor forma de hablar sobre un fallecimiento es con claridad y sinceridad para que las niñas y los niños logren ser parte del proceso, se sientan confiados, amados y acompañados. Esta conversación puede no ser la única, los adultos debemos ser conscientes de que los niños necesitan hablar de sus emociones para poder procesarlas, además de que con el paso del tiempo pueden surgir dudas y miedos que deben ser abordados.

Cuando definimos que ha llegado el momento, es importante mencionar el nombre de la persona, cuál fue su situación antes de morir y la razón del fallecimiento. Por ejemplo:

> Como ya sabes, llevaba varios días en el hospital porque se contagió de covid y no se había sentido muy bien. Hoy nos informaron (desde el hospital, tal familiar, etc.) que aunque los médicos hicieron todo por ayudarle, su salud no mejoró y murió. Es una noticia difícil y así como a ti, a mí también me gustaría que no fuera cierto, es normal sentirnos tristes y que nos cueste trabajo aceptarlo. Quiero que sepas que aquí estoy junto a ti y que puedes preguntarme todo lo que quieras ahora o más adelante. Estamos juntos en este proceso.

La guía chilena, que fue desarrollada con base en *Hablemos de duelo*,[5] un manual práctico para padres, madres y cuidadores, y el documento de la Universidad de Oxford, *Cómo explicar la muerte de un ser querido a un niño*[6] también nos preparan para las posibles reacciones ante la noticia, las cuales pueden

---

[5] Patricia Díaz Seoane, *Hablemos de duelo. Manual práctico para abordar la muerte con niños y adolescentes* (2016). México: Fundación Mario Losantos del Campo.

[6] Louise Dalton, Elizabeth Rapa, Helena Channon-Wells *et al.* (2020). *Cómo explicar la muerte de un ser querido a un niño*. Universidad de Oxford.

no coincidir con las de los adultos, como llorar, gritar o enojarse. Estas emociones pueden tardar en aparecer o no presentarse nunca; este punto es importante porque, aunque las niños y los niños parezcan normales, sigan jugando y realizando sus actividades, esto no significa que no sientan o que no les importe, sino que están en proceso de comprender las repercusiones de la noticia.

Algunas preguntas que pueden surgir, según el documento, son aquellas relacionadas con cómo esta pérdida afecta su vida cotidiana, preocuparse por algún otro miembro de la familia o ellos mismos, si tienen algún grado de responsabilidad en la muerte o qué pasa con las personas que han fallecido; en niños más grandes o adolescentes puede haber una preocupación por el sufrimiento previo a la muerte de la persona fallecida, así como por los sentimientos de sus seres cercanos.

Tinajero recomienda que en circunstancias normales a las niñas y los niños no se les excluya de los rituales familiares, que se les permita acudir a los funerales y velorios para despedirse de la persona que ha fallecido, pero —advierte— que esto no se malinterprete en el sentido de que deben permanecer todo el tiempo ahí, en el ritual solemne que suele despertar la muerte —como los rezos y acompañar en silencio el llanto de otros—, sino que, tras la despedida, al niño se le permita retirarse a jugar y seguir con su vida porque el juego le ayudará a procesar la experiencia. En todo caso, antes de asistir a un ritual así, los cuidadores deben explicarle qué es lo que ocurrirá, qué verá y qué significa.

Con la pandemia, sin embargo, estos rituales quedaron suspendidos. Al menos en México, todas las personas con sospecha o confirmados con SARS-CoV-2 deben ser incineradas y no veladas, como la costumbre marca. En un contexto como el que instauró la pandemia por covid-19, todas estas nociones cobran relevancia por las dificultades de vivir el duelo y por la premura de las noticias que nos impiden asimilarlo poco a poco, aunado a que usualmente las personas se encuentran bien aun pocos días antes del fallecimiento. Muchas familias, como en el caso de Carolina, vieron coartado su proceso con esta interrupción. Pero es precisamente esta historia la que nos recuerda que si bien las cosas ya no son como eran antes, aún podemos honrar a nuestros familiares queridos, recordarles y despedirnos como lo que ella hizo en casa con sus hijos. Es importante invitarlos a hacer un ritual en el que todos aporten ideas; puede ser colocar un altar, que escriban un mensaje de despedida, acompañar el espacio con una foto y, en familia, compartir los sentimientos, los recuerdos e iniciar el proceso de duelo, adaptarse a vivir la vida sin la presencia de esa persona amada.

Es importante decirle que aunque la pérdida parece mostrarnos oscuridad, temor y tristeza, todo esto pasará aunque en el momento no lo parezca y que juntos van a superar el dolor presente.

En su manual *Duelo por Covid-19*,[7] María Gallo, Cristina Llaca y María José Adame dan algunas herramientas de las cuales echar mano ante la pérdida de un familiar en medio de la emergencia sanitaria, mismas que aplican en cualquier otra situación futura similar. En su documento interactivo, gratuito y accesible, ofrecen un espacio para lidiar con la pérdida de un familiar que sirva para honrar su memoria.

El ejercicio es catártico con actividades como hacer un dibujo que represente su relación o colocar una foto en la que estén juntos, recordar alguna información básica como su color favorito o su apodo, sus cualidades —era guapo, alegre, compartida, amorosa, inteligente, gruñón, chistoso—, las cosas en común entre ambos; luego, escribir lo que pasó y lo que más se va a extrañar, así como los últimos momentos que compartieron juntos, mensajes que les gustaría decirles o lugares a los que les hubiera gustado ir con ellos. Es un manual que aborda las emociones que confluyen en estos procesos y puede ser muy útil para afrontar una pérdida, un complemento al acompañamiento, al diálogo y al amor por parte de los cuidadores.

## La vida es hoy

No hay un botón que nos deje volver atrás, a la vida antes del covid-19. Como todo cambio abrupto, al ser una pérdida

[7] María Gallo, Cristina Llaca y María José Adame (2020). *Duelo por Covid-19*. México: Tool Toys.

—hemos perdido la vida como la conocíamos—, duele. Y quizá no lo notemos, pero estamos viviendo un duelo individual que se ha vuelto colectivo. Pasamos, incluso, por aquellas fases que bien describió la psiquiatra suiza Elisabeth Kübler-Ross en 1969.

Primero, nos negamos a la pérdida, entramos en ese estado de *shock* instantáneo, nos bloqueamos y rechazamos la idea de que la vida como era ya no es. Después, muy probablemente sintamos ira, reconozcamos la pérdida y sus cambios, nos frustremos, nos hartemos y nos sintamos impotentes: culpamos al gobierno, al sistema precario de salud que tenemos, a nosotros mismos, a la explotación laboral, a los que consideramos irresponsables. Entramos entonces a la fase de negociación, intentamos ser optimistas, afrontar los cambios, buscamos soluciones y acciones que nos permitieran sentirnos mejor. De ahí, le vimos frente a frente el rostro a la depresión, asumimos de forma definitiva la realidad de la pérdida, sentimos tristeza y desesperanza, quizá nos aislamos o nos sentimos cotidianamente desmotivados. Todo esto seguramente ocurrió al tiempo que vivíamos el duelo de otras pérdidas, como la pérdida de alguien querido.

Quizá ahora muchos estemos transitando hacia la fase de aceptación, ese último punto que culmina el proceso, que nos hace comprender el cambio como un proceso tan natural como la muerte, inevitable. Y ya que estamos aquí, quizá estemos también en un momento de profunda reflexión sobre la propia vida, con conciencia de lo efímera que es y, por ende, maravillosa. Seguramente hemos encontrado, también, nuevas formas de mirarnos dentro de esas vidas, nuevos hábitos o replanteamientos de nuestras relaciones.

¿Cuándo nos habíamos puesto a pensar en la importancia del contacto físico? ¿Cuándo sobre la calidez que nos da un abrazo, una palabra de aliento o de amor? ¿Cuándo sobre lo bonitas que son las sonrisas de los otros, ahora cubiertas por un cubrebocas y delatadas solo por un brillo en los ojos? ¿Cuándo extrañar se volvió un estado constante y la esperanza de compartir de nuevo el motor?

Hemos perdido mucho. No solo a la gente que amamos. Hemos perdido empleos, libertad, salidas al parque, reuniones, cumpleaños, paseos, vacaciones, recursos económicos, salud, certeza, seguridad. Y todo esto importa, importa mucho. Y ahora que estamos aquí, cicatrizando juntos esta herida inmensa que se nos ha quedado abierta, adaptándonos en conjunto a esta nueva forma de vida, tenemos una vez más una oportunidad para construir esa verdadera nueva normalidad.

Teresita Tinajero reflexiona también sobre esto, dice que nos habíamos convertido en una sociedad pragmática y utilitarista que se acostumbró a desechar lo que ya no sirve solo para consumir de nuevo. A prisa, siempre a prisa, y así aceleradamente vivíamos, al tiempo que hacíamos que nuestros niños vivieran también así, corriendo de un lado a otro, de la escuela a otra actividad, de ahí a otra y luego a otra, y al otro día volvíamos a empezar.

"Vivíamos la vida como dentro de un río, dejando que nos lleve el caudal, apenas pudiendo respirar. Sin conciencia. El covid fue una invitación a replantearnos: ¿qué estoy haciendo?, ¿cómo estoy viviendo?"

Y vimos que la vida en pausa también está bien y recuperamos contacto con aquellos viejos amigos para saciar la tranquilidad de saber que conservan la salud, llamamos a los abuelos más que antes y ellos, ansiosos por ver a los hijos y a los nietos al menos a través de una pantalla, superaron la brecha digital y ahora dominan el Zoom, el WhatsApp y todas esas cosas que antes rechazaban. Aprendimos que la convivencia obligada no va a durar para siempre y que tiene ventajas cuando se ejerce con amor.

"La vida es hoy", nos recuerda Teresita, quien aconseja que aprovechemos esta oportunidad para prevenir el dolor de una pérdida futura, que encontremos lo que es valioso en nuestra vida para evitar reacciones ante la ausencia de alguien, como: "Ojalá pudiera decirle cuánto lo quiero" u "ojalá pudiera volver a abrazarlo", o bien, que ante la muerte propia pensemos: "Hubiera pasado más tiempo con mi familia en vez de trabajar tanto". Y que enseñemos a los niños a vivir en el presente, a demostrar el amor y el cariño en el presente, a dialogar, a escuchar, a amar, para que crezcan sin guardarse nada, sin dejarlo hasta el final y que los duelos sean más llevaderos, sin culpas, sin miedos, sin arrepentimientos. La vida es hoy.

# Autocuidado como la llave maestra

Quien se haya subido alguna vez a un avión habrá escuchado al personal explicar lo que se debe hacer en caso de la despresurización de la cabina. Primero, se abrirán los compartimentos situados encima de los asientos que dejarán caer máscaras de oxígeno individuales. Después, cada persona deberá colocarse la mascarilla sobre la nariz y la boca para poder respirar con normalidad.

La indicación clave, sin embargo, es la siguiente: los pasajeros que viajen con niños deben colocarse primero la mascarilla y después apoyar a los pequeños.

Pero ¿por qué? La respuesta es muy simple: esto garantiza la supervivencia de ambos. Si apostáramos por colocar la mascarilla primero a los niños, la falta de oxígeno en el avión a causa de la despresurización podría provocarnos desmayos o problemas mayores, incluso fatales. En cambio, colocarnos primero la mascarilla nos da margen de maniobra para apoyar a quienes están a nuestro alrededor.

Si trasladamos esta medida básica de los viajes en avión a la vida cotidiana, diríamos que también en los espacios en los que nos relacionamos hay que colocarnos primero la máscara de oxígeno antes de ponérsela a otro. Esa máscara de oxígeno, que llamaremos autocuidado, es la herramienta que nos permitirá garantizar nuestra supervivencia emocional y la de nuestros seres queridos, principalmente la de nuestros hijos.

El autocuidado es la forma en que cada individuo ordena su vida, su estado de salud, desarrollo y bienestar a través de conductas y hábitos que se traducen en recursos para ejercer las tareas de crianza con mayor energía. A diferencia de niñas y niños que regulan todo esto a partir de lo que sus cuidadores pueden ofrecerles —y que se encuentran en proceso de aprendizaje de herramientas para controlar su vida—, los adultos tenemos que encargarnos nosotros mismos de nuestro propio bienestar, tomarlo como prioridad para poder ejercer una crianza positiva.

El autocuidado es, además, la entrada a la resiliencia propia y a la de nuestros más allegados. Según el Departamento de Salud y Servicios Humanos de Estados Unidos (HHS, por sus siglas en inglés), así como nos ocupamos de una lesión física buscando apoyo y lo necesario para aliviar el dolor y hallar la recuperación, toda persona requiere poner el mismo empeño cuando se presenta algún desafío emocional o psicológico.

"Así como el cuerpo humano es a menudo ingenioso en la forma en que puede repararse, también la mente y el corazón pueden hacerlo", dice en la publicación "Estrategias para el autocuidado y la resiliencia".[1]

No es una tarea fácil, de hecho, es una práctica a la que difícilmente prestamos atención o dedicamos tiempo porque priorizamos el bienestar de otros por encima de nuestras necesidades individuales; incluso prestar atención a las necesidades propias puede llegar a sentirse egoísta, o bien, inalcanzable.

Sin embargo, volviendo a la analogía de la despresurización del avión, habrá que recordar que para garantizar la salud, el desarrollo y el bienestar de otro hay que primero ponernos nosotros mismos la mascarilla.

Esto es importante porque cuidar de otro es una actividad física y emocionalmente agotadora que puede generar otras presiones adicionales, como tensiones económicas, conflictos familiares y aislamiento social.[2]

Con el tiempo, lejos del cansancio cotidiano y transitorio, se puede llegar a un agotamiento crónico, una condición que se puede caracterizar por irritabilidad, fatiga, problemas para dormir, aumento de peso, dolores de cabeza, debilidad en el sistema inmunológico, malestar digestivo, sentimientos

[1] Department of Health and Human Services (2020). "Strategies for Self-Care & Resilience." Consultado el 4 de noviembre de 2020. Recuperado de <https://www.fsis.usda.gov/wps/wcm/connect/4c8727a4-263e-421c-975b-16aca135f9b8/strategies-self-care-resilience.pdf?MOD=AJPERES>.

[2] Marlynn Wei (2018). "Self-care for the caregiver." *Harvard Health Publishing*. Consultado el 4 de noviembre de 2020. Recuperado de <https://www.health.harvard.edu/blog/self-care-for-the-caregiver-2018101715003>.

de impotencia o desesperanza y aislamiento social, de acuerdo con la doctora Marlynn Wei, psiquiatra, terapeuta y autora certificada por la junta de Harvard y Yale.[3]

Todo esto provoca altísimos niveles de estrés que terminan por dañar la salud física y mental de las cuidadoras y los cuidadores, imposibilitándolos para crear lazos afectivos sólidos con sus hijas e hijos.

### ¿*Burnout* parental?

La pandemia de covid-19 vino a arreciar el abandono del autocuidado. Incrementaron las responsabilidades profesionales y económicas, además de aquellas que están relacionadas con proveer atención, cariño, cuidado, escucha y estabilidad emocional para otros; en suma, los cuidadores se volvieron los encargados de impartir, vigilar y garantizar, de propia mano, el acceso a la educación de calidad de las niñas y los niños a su cargo.

La nueva dinámica cerró los espacios a la individualidad con una convivencia 24/7 dentro de áreas reducidas, a veces cohabitando no solo con la familia nuclear, sino con otros miembros a los que solían visitar solo esporádicamente.

Padres y madres —y cuidadores en general— se sintieron abrumados, extremadamente cansados y solos.

---

[3] *Idem.*

Una madre que respondió la encuesta que lanzamos para este proyecto editorial describió su experiencia con la pandemia como: "Un sobreagotamiento mental y físico. Un rechazo al cuidado de mi hijo por el cansancio".

Su comentario no fue el único en esta línea. Otra joven detalló los cambios que vivió en su rutina, que incluyeron dejar su hogar nuclear para vivir en la casa de sus suegros, en una nueva ciudad con la que no está familiarizada y en donde no tiene redes de apoyo. El aislamiento, describió, rompió su dinámica de salir a pasear con su pequeño y las buenas experiencias en familia se transformaron en una incomodidad constante porque —según contó— recibió malos tratos de la familia de su pareja, quienes intervenían constantemente en la crianza de su hijo.

Otra madre, mayor de 30 años, se reconoció completamente rebasada con los cambios que trajo el covid-19. "Aunque lo hago desde casa, mi trabajo me absorbe mucho más tiempo, y aunque tengo conocimientos sobre crianza respetuosa, no he logrado llevarla a cabo al 100%. Me cuesta trabajo mantener la calma."

Una mujer más, que tiene dos pequeños de entre siete y nueve años, describe la experiencia como agridulce. Por un lado, ha vivido una convivencia placentera que le ha permitido ver crecer a sus hijos las 24 horas del día; por el otro, su salud física y emocional va en decadencia por la sobrecarga de trabajo y la reducción del tiempo para atender sus necesidades personales. "El estrés juega un papel enorme, te vuelves más sensible e irritable."

Y es cierto. El estrés provocado por la sobrecarga de trabajo es la antesala del desapego, la insensibilidad y, en algunos casos, la negligencia y la violencia verbal y física contra niñas y niños.

Algunos especialistas se han referido a esto como *burnout* parental, un término relativamente nuevo que se desprende de las investigaciones sobre el *burnout* laboral, el cual es definido como "un síndrome psicológico que emerge como una respuesta prolongada a estresores interpersonales crónicos en el trabajo"[4] y que usualmente se asocia como un riesgo laboral de diversas profesiones orientadas al cuidado humano —como ser educador u ofrecer servicios médicos— que requieren alto contacto personal y emocional.

En su estudio *Comprender la experiencia del agotamiento: investigaciones recientes y sus implicaciones para la psiquiatría*,[5] los psicólogos Christina Maslach y Michael P. Leiter explican que las consecuencias de un *burnout* son visibles en tres dimensiones: un agotamiento abrumador, sentimientos de cinismo y desapego del trabajo, y una sensación de ineficacia y falta de realización. Es, en palabras llanas, un

---

[4] Cristina Maslach y Michael P. Leiter (2016). "Understanding the burnout experience: recent research and its implications for psychiatry." *World Psychiatry*, 15(2), pp. 103-111. Consultado el 4 de noviembre de 2020. Recuperado de <https://onlinelibrary.wiley.com/doi/full/10.1002/wps.20311>.
[5] *Idem.*

nivel de estrés individual extremo que impacta directamente en la percepción que una persona tiene de sí misma y de los demás y, por ende, en cómo se relaciona.

Bajo esta premisa, el agotamiento extremo producto de la labor de crianza no sorprende. La Organización Internacional del Trabajo (OIT) reconoce las actividades de cuidado directo, personal y relacional —como puede ser alimentar a un bebé o cuidar a un hijo o una pareja enferma— y a las actividades de cuidado indirecto —como cocinar y limpiar— como trabajos que suelen no recibir una retribución económica, pero que básicamente permiten que los miembros de la familia que no participan en él puedan desarrollarse en los ámbitos profesional, personal y educativo.

La OIT también ha señalado que, si bien puede ser un trabajo gratificante, cuando se realiza en exceso y conlleva un alto grado de responsabilidad, obstaculiza las oportunidades económicas y el bienestar de las cuidadoras y cuidadores no remunerados y, en general, menoscaba el goce general de sus derechos humanos.[6]

Por lo general, este trabajo trae consigo una amplia brecha de género porque es principalmente realizado por mujeres que ven afectada su estabilidad emocional, física y profesional.

[6] Organización Internacional del Trabajo (2018). "El trabajo de cuidados y los trabajadores del cuidado para un futuro con trabajo decente." Consultado el 4 de noviembre de 2020. Recuperado de <https://www.ilo.org/wcmsp5/groups/public/---dgreports/---dcomm/---publ/documents/publication/wcms_633168.pdf>.

En México, las mujeres son las que más horas de su tiempo dedican a estas actividades sin ninguna remuneración económica: 64% de su tiempo laboral está enfocado en trabajos no remunerados,[7] según las cifras del 2018 de la Cuenta Satélite de Trabajo no Remunerado de los Hogares del Instituto Nacional de Geografía y Estadística. Además, se calcula que las mujeres producen 4.1 billones de pesos al año con estas actividades, el equivalente a 70% del Presupuesto de Egresos de la Federación que el gobierno federal destinó para 2020 (6.1 billones de pesos).

Si te preguntas por qué estás tan cansada o cansado, la respuesta podría estar aquí: el trabajo de cuidados, aunque no tenga una remuneración económica, sigue siendo trabajo. Es por eso que diversas organizaciones como ONU Mujeres y la misma OIT han insistido en que los trabajos de cuidado no remunerados sean reconocidos como un servicio que, aunque no se note en números, aporta al desarrollo social y económico de un país.

Al mismo tiempo, cuando se trata de infancia, el trabajo conlleva también cargas sociales que impactan en la psique de padres y cuidadores, principalmente la responsabilidad que implica educar a un hijo para que sea un miembro

[7] Alejandra Crail (2019). "Las mujeres mexicanas producen 4.1 billones de pesos en trabajo no remunerado." *EMEEQUIS*. Consultado el 4 de noviembre de 2020. Recuperado de <https://www.m-x.com.mx/al-dia/las-mujeres-mexicanas-producen-41-billones-de-pesos-en-trabajo-no-remunerado>.

productivo de la sociedad, capaz de lidiar con estresores naturales de su desarrollo.

Todo esto confluye con otras presiones: tener un empleo remunerado que alcance para el sustento familiar, el desarrollo y el crecimiento profesional individual, el temor a perder el empleo en medio de una crisis mundial y la culpa que da poner límites al teletrabajo o en las relaciones interpersonales con nuestros seres significativos.

En medio de esto, la crianza puede ser estresante y, por ende, agotadora.

Especialistas como los psicólogos Moïra Mikolajczak, James K. Gross e Isabelle Roskam, que han documentado las consecuencias del agotamiento de los padres, descubrieron que sí hay una correlación entre este agotamiento extremo, la ideación de escape (deseo de dejarlo todo) y los comportamientos negligentes y violentos hacia los hijos. Por ello recomiendan no pasar por alto los síntomas.

Primero, hay que reconocer que ser padre implica lidiar con una gama de problemas diarios —realizar tareas escolares, garantizar una alimentación adecuada, realizar continuos traslados—, así como con algunos estresantes agudos —berrinches, enojos, conflictos entre hermanos— e incluso estresores crónicos —problemas de comportamiento y problemas de salud—. Estos, sin los recursos necesarios para afrontarlos, se vuelven la base del agotamiento.[8]

---

[8] Moïra Mikolajczak, James J. Gross e Isabelle Roskam (2019). "Parental Burnout: What Is It and Why Does It Matter?" *Clinical Psychologi-*

Este agotamiento intenso —*burnout* parental— está relacionado con el papel que deben ejercer padres y madres, y si bien sus consecuencias son diversas y pueden provocar ansiedad y depresión en quien lo padece, también debilita las relaciones entre padres e hijos, pues provoca que los cuidadores se desapeguen emocionalmente de sus hijos, se involucren poco en la relación y duden de su capacidad para ser buenos padres. Este cansancio extremo se ve reflejado en que los padres enfocan sus relaciones exclusivamente en cuestiones básicas de funcionalidad, como garantizarles la alimentación a sus hijos, el vestido y la educación, dejando completamente de lado la parte emocional.[9]

Los estudios que recogieron estos especialistas en su investigación revelan algunos riesgos que pueden hacer vulnerables a mamás y papás de padecer este tipo de agotamiento, como aspirar a la perfección, la presencia de neurosis, la falta de habilidades de manejo de emociones y estrés, falta de apoyo emocional o práctico de su pareja o de su círculo social cercano —familia, amigos—, falta de ejemplos cercanos de crianza

*cal Science*, (7)6. Consultado el 4 de noviembre de 2020. Recuperado de <https://www.researchgate.net/publication/332402868_Parental_Burnout_What_Is_It_and_Why_Does_It_Matter>.

[9] Moïra Mikolajczak, Marie-Emilie Raes, Hervé Avalosse e Isabelle Roskam (2018). "Exhausted Parents: Sociodemographic, Child-Related, Parent-Related, Parenting and Family-Functioning Correlates of Parental Burnout." *Journal of Child and Family Studies*, (3)27. Consultado el 4 de noviembre de 2020. Recuperado de <https://www.researchgate.net/publication/320271223_Exhausted_Parents_Sociodemographic_Child-Related_Parent-Related_Parenting_and_Family-Functioning_Correlates_of_Parental_Burnout>.

positiva o vivencias pasadas con crianzas violentas, hijos con necesidades especiales, como puede ser algún tipo de discapacidad, y la imposibilidad del desarrollo profesional pleno.

Conocer estas vulnerabilidades e identificar cuáles de ellas se pueden aplicar a nuestro propio caso es útil para poder prevenir y atender desde el fondo los problemas que se van presentando a lo largo de la crianza de niñas y niños. Son herramientas de autoconocimiento que permiten actuar en el momento preciso en que los síntomas comienzan a sentirse, síntomas que son un llamado a escuchar al cuerpo y a la mente, a identificar lo que sentimos y lo que nos preocupa, primero por nuestro bien, después por el resto de las personas que amamos.

## ¿Quién cuida a mamá y a papá?

Katia D'Artigues es una periodista mexicana con años de experiencia en diversos medios de comunicación, autora de la columna que se publicaba en el periódico *El Universal* de nombre "Campos Elíseos", reportera fundadora de *Reforma* y *Milenio Diario*, creadora de programas de entrevistas, conductora y una infinidad de actividades relacionadas al periodismo y la comunicación.

Se describe a sí misma como una periodista que combina su profesión con su trabajo como madre de Alan, un adolescente con síndrome de Down, un rol que la ha llevado al activismo por los derechos de las personas con cualquier tipo de discapacidad. Katia es fundadora de la organización Comunicación para la Inclusión y cocreadora de la plataforma Yo También, un medio de comunicación especializado en la visibilización digna de personas con discapacidad.

Más allá de recitar el currículum de D'Artigues, describo todas las actividades que ha realizado a lo largo de su vida como una forma de ejemplificar ese trinomio que se crea entre el área profesional, maternal (o paternal, según sea el caso) e individual de una persona, así como todos los obstáculos que esta combinación conlleva.

En entrevista, Katia reconoce que la primera vez que tomó conciencia sobre la importancia del autocuidado fue moderando una mesa donde se discutía el tema. Eso la llevó a mirarse a sí misma, voltear al pasado, a los logros y el crecimiento, pero también a todos esos retos que ha tenido que sortear a lo largo de sus años como madre, individuo y profesionista.

"En mi caso, la demanda de tener un hijo, ser madre soltera y trabajadora, te deja poco tiempo, incluso para pensar en ello", dice.

Pero se debe pensar en ello y, desde su perspectiva, es una de las ventajas que trajo consigo la pandemia: la oportunidad de discutirlo en espacios públicos y, sobre todo, en los hogares.

Esto es importante porque la pandemia —los duelos, la pérdida de empleos, cambios en la forma de vida, el impacto de sobrevivir a una crisis así— está dejando secuelas que aún no alcanzamos a vislumbrar en el campo de la discapacidad psicosocial, es decir: habrá un incremento en el número de personas con disfunciones temporales o permanentes de la mente que significarán limitaciones a la hora de realizar una o más actividades cotidianas.

> Sabemos que van a aumentar los suicidios, la depresión. Sabemos que tenemos que hablar de salud mental de una manera importante, y creo que sin duda (hablaré en femenino porque, aunque hay hombres que se dedican al cuidado, hay una cosa de género importante), las cuidadoras solemos ser mujeres a las que se nos demanda absolutamente todo y que estamos como malabaristas todo el día pensando cómo vamos a resolver todo esto.

Ella reconoce que, como madre de Alan, su carga de trabajo en materia de cuidados ha disminuido por la edad de su hijo y porque es un joven independiente en actividades cotidianas, pero sabe que hay otros casos, como en el de su socia en Yo También, de personas que tienen hijos que necesitan apoyo para cosas básicas como bañarse, vestirse, comer, conectarse a una computadora, prender el celular. En suma, no todos tienen los suficientes recursos económicos o redes de apoyo para sortear las dificultades cotidianas. Entre todo esto, es muy fácil caer en la sobreexigencia, en el cansancio extremo.

> Hay que estar muy conscientes de que de nosotros como padres depende el ecosistema familiar: si tú te desmoronas,

> se desmorona el resto. Pero es difícil porque además está, por ejemplo, la cultura de la abnegación maternal, donde haces todo por el resto, por tus hijos, y tú te dejas hasta el final. Pero si nosotras no cuidamos de nosotras mismas, esto se refleja en ellos.

Para este autocuidado recomienda crear un espacio para uno mismo de mínimo 15 minutos al día, que pueda insertarse dentro de la ajetreada cotidianidad y que pueda servir para hacer algo que nos relaje y nos nutra de energía.

Le parece muy útil aprovechar este espacio para meditar o practicar *mindfulness*, una práctica que aboga por recordar la importancia de vivir el presente, de observar y reconocer la propia existencia en el mundo, de los cuales puede encontrarse diverso material en YouTube, blogs digitales, libros o clases virtuales o presenciales. Ambas prácticas han tomado relevancia entre los especialistas de la salud mental, que consideran que pueden ayudar a reducir el estrés, la ansiedad, mejorar la concentración y desarrollar la inteligencia emocional suficiente para la resolución de conflictos de manera pacífica.

Esta es una pequeña recomendación que en el fondo esconde una gran enseñanza: todos necesitamos encontrar tiempo para nosotros mismos, salir del abandono en que los acelerados ritmos en que vivimos nos han dejado, dejar atrás las frustraciones y comenzar a actuar.

El autocuidado se trata precisamente de esto último: encontrar estrategias que nos ayuden a gestionar nuestra vida y nuestras relaciones de forma positiva. Los espacios para el autocuidado se traducen en tranquilidad, en recargas de energía, en dejar atrás las preocupaciones que nos aquejan y encontrar soluciones prácticas y, sobre todo, en responsabilizarnos de nosotros mismos.

No hay una receta, cada quien tiene que ir encontrando qué tipo de actividades le son funcionales para este fin, pero la clave es considerar en nuestra apretada agenda un espacio —por mínimo que sea— para practicar algún deporte, salir en pareja, encontrarse con los amigos, ver una película, practicar danza o pintura, escribir, meditar... cualquier cosa que nos permita liberar el estrés acumulado, vaciar la mente, relajar el cuerpo y pasar un momento con nosotros mismos.

## Quiérete, cuídate, sin culpas

Mamá, papá, cuidador, cuidadora: tú importas, tienes el derecho a regalarte un espacio para ti, para cuidarte, para recargar energía y para buscar tu felicidad. No olvides que tu salud mental, física y emocional es clave para tener una familia sana. Además, recuerda que tus niñas y niños aprenden con el ejemplo. Qué mejor que mostrarles un camino de sabiduría en el que desde pequeños comiencen a gestionarse, a reconocer su individualidad y a procurar espacios en donde puedan cuidar de su salud física, mental y emocional por cuenta propia.

La dinámica familiar y los roles de género pueden provocar culpa o vergüenza cuando se quiere ejercer este derecho. Para lidiar con ello, no hay mejor receta que el diálogo. Como ya lo hemos abordado en capítulos previos, en una familia democrática, todas las necesidades e intereses de cada uno de los integrantes son relevantes. Como mamá o papá, puedes incluir en la agenda diaria o semanal de actividades los espacios que has designado para ti y compartir con el resto de los miembros de tu familia la importancia que tiene que puedas contar con esos momentos propios y con su apoyo para poder realizar las actividades que hayas elegido.

La psiquiatra Wei aconseja que seas amable contigo mismo para construir la base de tu cuidado personal. Reconocer el trabajo arduo y complejo que significa cuidar a otros es indispensable, así como lo es dejar las culpas y la sensación de egoísmo a un lado y atenderse, asumir la responsabilidad que implica el autocuidado para encontrar el equilibrio y la creatividad necesaria para solventar los problemas diarios.

La doctora Malie Coyne, psicóloga especializada en terapia con niños y familias, en su artículo "¿Por qué el autocuidado parental es indispensable para el bienestar emocional de los niños?"[10] habla desde su experiencia como madre

---

[10] Malie Coyne (2020). "Why parental self-care is essential for children's emotional wellbeing." *A Lust for Life.* Consultado el 4 de noviembre de 2020. Recuperado de <https://www.alustforlife.com/tools/mental-health/why-parental-self-care-is-essential-for-childrens-emotional-wellbeing>.

sobre lo que llama la montaña rusa de la paternidad y de la importancia de ser amable con uno mismo.

Según cuenta en el texto, aprendió que la frase "está bien" puede ayudar a los padres a aliviar la presión en un momento difícil con las hijas y los hijos.

En lugar de juzgar y sentir vergüenza porque sus pequeños no se están comportando como "deberían" y de juzgarse a sí misma en el sentido de que "debería" poder controlar determinada situación, recomienda decirse a uno mismo: "Esto está bien. Todos los pequeños tienen rabietas. Todos los padres tienen momentos difíciles. Este momento pasará. Después de todo, eres solo un humano y eso está bien".

## Comenzar a cuidarse

Algunos especialistas recomiendan hacer una autoevaluación para determinar qué tanto cada uno de nosotros cuida de sí en al menos cuatro aspectos: físico, psicológico, emocional y espiritual.[11]

En el aspecto físico hay que calificar del uno al cinco (uno representa que ni siquiera lo pensaste y cinco que es una

[11] Education, Training & Peer Support Center (2008). Self-care inventory. Consultado el 4 de noviembre de 2020. Recuperado de <https://web.archive.org/web/20201128193231/https://www.nami.org/getattachment/Extranet/Education,-Training-and-Outreach-Programs/Signature-Classes/NAMI-Homefront/HF-Additional-Resources/HF15AR6SelfCare.pdf>.

actividad que realizas frecuentemente) si comes tres veces al día, si los alimentos que eliges son saludables, si haces ejercicio, si te realizas chequeos médicos preventivos, si te atiendes cuando se presenta algún problema de salud, si descansas cuando estás enfermo, si tienes *hobbies*, si te das el tiempo de explorar tu sexualidad, si duermes suficiente, tomas vacaciones, vistes como te gusta, tomas días libres y pasas tiempo sin conectarte a internet o haciendo llamadas telefónicas.

En el psicológico hay que preguntarse si es frecuente darse el tiempo para la autorreflexión, si acudes a terapia, si tienes un diario, lees libros no relacionados al trabajo, haces algo en lo que no eres experto o en lo que no debes estar a cargo, enfrentas positivamente el estrés, pones atención en tus sentimientos y los validas, intentas cosas nuevas, eres abierto a recibir apoyo y cariño de otras personas, y si tienes la capacidad de decir que no a responsabilidades extras que no puedes o quieres realizar.

Sobre el autocuidado emocional hay que meditar sobre si pasamos tiempo de calidad con personas cuya compañía disfrutemos; si mantenemos contacto con personas que apreciamos; si practicamos el autoelogio y las afirmaciones positivas respecto a nuestra persona; si hay amor propio, si releemos libros favoritos o volvemos a ver la película que más nos gusta; si identificamos y participamos en actividades que causen confort y si nos permitimos sentir y expresar las emociones.

En materia de autocuidado espiritual, habrá que contestarse si uno se permite el tiempo para la reflexión, para pasar tiempo con la naturaleza, si se participa en actividades espirituales en comunidad, si se es abierto a la inspiración, si se aprecia el optimismo y la esperanza, si se es consciente de los aspectos inmateriales de la vida y su valor, si se cultiva la habilidad de identificar lo que es importante en nuestra vida, si se practica la meditación y si se contribuye activamente a causas en las que uno cree.

Preguntarse sobre cada una de estas actividades y qué tanto se practican ayudará a medir qué tanto una persona cuida de sí. Si la persona nota que dedica poco o nulo tiempo a estas actividades, puede replantearse cómo ha estado viviendo los últimos años y apostar por un cambio para beneficio propio y de sus más cercanos. Ojo, no se trata de ser duro con uno mismo, sino de ubicar en dónde estamos e invitarnos a la acción.

La escritora Katie Hawkins-Gaar, en su libro de trabajo *Treat your Future Self* (Trata tu yo futuro), nos invita a pensar en lo que realmente necesitamos y por qué, no solo en invertir tiempo y recursos en cosas que parecen autocuidado pero que en realidad son escapes de la realidad.

El autocuidado requiere tiempo y no es una solución rápida, sino un trabajo constante que se realiza en diversas áreas y que requiere compromiso y conciencia para encontrar en esos momentos difíciles las cosas que nos hacen sentir felices y conocer por qué, cómo podemos hacer que esos momentos felices sean más frecuentes, detectar de qué forma evadimos los sentimientos —puede ser con sobrecarga de trabajo, comiendo de más, invirtiendo tiempo en redes sociales, dedicando toda la vida a los hijos— y ubicar los beneficios que traería a mi vida invertir un poco de tiempo en cuidarme.[12]

En su blog *Vivir mindfulness*, Yolanda Herrero Mor, consultora experta en esta práctica y especialista en terapia transpersonal, recomienda que padres y madres empiecen a introducir de forma progresiva pequeños nuevos hábitos que puedan ayudarles e ir sumando de poco en poco el tiempo designado o el número de nuevos hábitos que se quieren implementar.

En su artículo "Autocuidado para madres y padres. Lo que nadie más puede hacer por ti" hay algunos consejos que, sumados a los que otros especialistas que ya hemos citado han recomendado, son útiles para comenzar a introducir esos pequeños hábitos que pueden marcar la diferencia:[13]

1. Respirar a conciencia y con profundidad.

   "Una respiración agitada y superficial propicia una mente agitada, un cuerpo agotado y una conducta más compulsiva", dice Herrero.

---

[12] Katie Hawkins-Gaar (2019). *Treat your Future Self*. Consultado el 4 de noviembre de 2020. Recuperado de <https://drive.google.com/file/d/1aiB0mDKDVl_qGqF6DJClGhBJz-8slJuz/view>.

[13] Yolanda Herrero Mor (2020). "Autocuidado para madres y padres. Lo que nadie más puede hacer por ti." *Vivir mindfulness*. Consultado el 4 de noviembre de 2020. Recuperado de <https://vivirmindfulness.com/vivir/autocuidado-madres-padres>.

De acuerdo con la Clínica de la Ansiedad, más allá de ser un proceso en la regulación fisiológica y metabólica del organismo, la respiración es una herramienta para aliviar los síntomas de la ansiedad provocada por el estrés.

Se recomienda la respiración abdominal, que es el aire que entra y sale de los pulmones pero que tiene énfasis en el diafragma, el músculo que está ubicado en donde terminan las costillas y que hace que se eleve el abdomen. Esta respiración ayuda a equilibrar el organismo cuando está alterado por la actividad diaria; el cuerpo la realiza de forma natural en situaciones de reposo, pero se puede fomentar su frecuencia a partir de la práctica para usarla en situaciones de estrés.

Para ello esta clínica sugiere aflojar las prendas que puedan apretar a la altura de la cintura, colocar una mano en el pecho y otra en el abdomen para asegurar que la mano que se eleve sea la que está en el abdomen, tomar aire por la nariz, inspirar durante tres segundos, hacer una pequeña pausa y sacar el aire contando hasta cinco. Repetir las veces que sea necesario hasta sentirse más calmado.

2. Dormir lo suficiente.

Dormir es una necesidad biológica para la vida; garantiza la salud mental y física. Los adultos deben dormir entre siete y ocho horas de sueño de calidad para poder responder a las necesidades cotidianas que generan altos niveles de estrés.

El sueño es un elemento logístico crítico, al igual que lo son beber agua y alimentarse. Entre menos se duerma, más propenso se será a pensar lentamente, confundirse y equivocarse, según los Centros para el Control y Prevención de Enfermedades de Estados Unidos (CDC, por sus siglas en inglés).

Además, no dormir el tiempo necesario todos los días incrementa el riesgo de obesidad, diabetes tipo 2, presión arterial alta, enfermedades cardiacas y accidentes cerebrovasculares, mala salud mental e incluso muerte prematura.[14]

3. Comer sano.

La Organización Mundial de la Salud (OMS) dice que una alimentación sana nos protege de una malnutrición en todas sus formas, así como de las enfermedades no transmisibles. Para ello hay que limitar el consumo de grasas, que no debe superar el 30% de la ingesta calórica total, reducir el consumo de azúcar a menos de 5% del total de alimentos y mantener un consumo de sal por debajo de los cinco gramos diarios.

[14] Centers for Disease Control and Prevention (2020). "Are You Getting Enough Sleep?" Consultado el 4 de noviembre de 2020. Recuperado de <https://www.cdc.gov/sleep/features/getting-enough-sleep.html>.

Algunos consejos para mantener una alimentación saludable son comer cinco porciones de frutas y verduras al día, reducir el consumo de grasas cocinando al vapor o hirviendo los alimentos, suplir la mantequilla por aceites de maíz, cártamo o girasol, apostar por carnes magras y evitar los alimentos envasados y de grasas trans de producción industrial.[15]

4. Moverse.

No solo se trata de realizar las actividades cotidianas que requieren, en cierta medida, algún esfuerzo físico, sino de dedicar un tiempo mínimo —las autoridades de salud recomiendan 30 minutos al día— a alguna actividad que nos haga mover el cuerpo de forma consciente y disfrutable: yoga, ir al gimnasio, salir a correr, jugar futbol o basquetbol, andar en bicicleta, cualquier actividad que sea de tu preferencia y que te ayude a estar en movimiento y preservar la salud.

Mantenerse activo repercute en la autoestima y autoconfianza, previene dolores físicos, fortalece el cuerpo, reduce las posibilidades de adquirir alguna enfermedad crónico-degenerativa y disminuye la tensión nerviosa, la depresión y fomenta el bienestar. Es una forma de estar bien contigo y con el resto.

[15] Organización Mundial de la Salud (2018). "Alimentación sana." Consultado el 4 de noviembre de 2020. Recuperado de <https://www.who.int/es/news-room/fact-sheets/detail/healthy-diet#:~:text=Una%20dieta%20saludable%20ayuda%20a,accidentes%20cerebrovasculares%20y%20el%20c%C3%A1ncer.>.

5. Cuidar la mente.

Dedica un espacio para analizar cómo se encuentra tu mente, dale calma, suelta los pensamientos negativos y busca nuevas formas de interpretar tu realidad.

Algunos especialistas en salud mental recomiendan no subestimar la importancia de las condiciones ambientales y los espacios a los que estás expuesto; busca entornos donde te sientas bien o transforma aquellos en donde te sientes abrumado, mantenlos aseados, ordenados y coloca objetos que te generen emociones positivas como plantas, imágenes que te recuerden momentos felices o que refieran a un espacio natural.

Otro tip es evitar las relaciones tóxicas con personas manipuladoras, agresivas o victimistas. Mejor, busca y fomenta vínculos sanos que te enriquezcan.

6. Cuidar las emociones.

Así como te preocupa lo que sienten las niñas y los niños a tu cargo, lo que tú sientes también es importante. Los mismos consejos que los especialistas nos han dado para ellos aplican también para todo adulto: detecta tus emociones, nómbralas, reconoce que no hay emociones negativas, piensa en lo que te ha llevado a sentirte así y no apresures el paso. Lo que sientes es temporal y todo lo que te abruma va a pasar.

## REDES: EL ABRAZO A UNO MISMO

Durante la pandemia, se difundió en Facebook una imagen que pone en evidencia lo que implica la paternidad. Una primera fotografía muestra una pantalla en la que aparece la científica Gretchen Goldman dando una entrevista: porta un saco amarillo, está perfectamente bien peinada y detrás se ve la sala de su casa impecable. Una segunda foto muestra todo aquello que no vemos: ella en medio de la sala, frente a su computadora, manteniendo la reunión a distancia en un escenario improvisado armado sobre la mesa de centro del lugar; la toma amplia nos permite ver que trabaja en medio de un campo lleno de juguetes. "Solo para ser honesta", escribió en su Twitter junto con las imágenes y luego dijo, entre otras cosas: "Lo que se espera que hagamos es ridículamente imposible. Siempre se espera que las madres trabajadoras se encarguen de todo, y la pandemia lo ha agravado".

No podemos negar que la crianza aún carga la mano en las madres. Se requiere mucha conciencia de quienes están alrededor de ellas para evitar esta sobrecarga inhumana que, como mencionó Goldman, se ha acrecentado con la pandemia. Es un proceso que implica el autoconocimiento y una evaluación precisa de cómo nos hemos desarrollado dentro de un sistema patriarcal —sin importar si somos hombres o mujeres— que permitió que las mujeres nos desarrolláramos profesionalmente con la única condición de que no descuidáramos las labores establecidas socialmente, en especial las del hogar y la crianza.

Katia D'Artigues nos sugiere que seamos personas prácticas. "Las mamás solemos ser muy celosas y poco comunicativas, pensamos que somos las únicas que podemos hacernos cargo de nuestros hijos." Este pensamiento a largo plazo cobra factura, por eso dice que tenemos que hacer una labor de mayor comunicación en nuestro círculo familiar inmediato, de decir lo que necesitamos, de pedir ayuda, pedir apoyo. Al tiempo, la gente que nos rodea también puede ofrecer su apoyo, sobre todo cuando hay situaciones extremas que implican mayores retos en la crianza, como puede ser un hijo o hija con alguna discapacidad. Por eso sugiere que los familiares y amigos, antes que otra cosa, pregunten: "¿Necesitas apoyo?, ¿cómo te puedo apoyar?", este último punto es clave porque a veces ayudamos sin saber si nuestra ayuda, como la ejercemos, es realmente útil.

La periodista y activista pone como ejemplo una experiencia frecuente para uno de sus colaboradores, Juventino Jiménez, un activista indígena ciego. Él siempre comparte que muchas veces termina en un lugar donde no quería estar porque la gente a su alrededor asume que, como es ciego, está esperando que alguien le ayude a cruzar la calle, así que toman su mano y lo guían, sin previo aviso, al otro lado de la acera. "Así como pasa cotidianamente con las personas con discapacidad, que no les preguntamos qué tipo de apoyo necesitan y cómo se los podemos otorgar, solemos hacer con el resto, damos por hecho las cosas, pero es importante preguntar." Lo mismo ocurre con las mamás, si notamos que una cuidadora o un cuidador está sobrepasado, a lo mejor no te encargas de educar o bañar a los hijos, pero sí podrías aportar algo, preparar comida, ayudarle a asear el hogar, pero siempre preguntando primero.

"Es un dar y recibir constante: perder el miedo a pedir ayuda, quitarnos la idea de que la ayuda es caridad o conmiseración y reconocer que todos necesitamos apoyos en la vida."

La creación de redes de apoyo es indispensable como herramienta de autocuidado no solamente dentro del hogar con la pareja o con la familia cercana sobre las necesidades, sobre desmitificar los roles de género y crear comunidad, sino también ampliándolas, encontrando espacios seguros donde sea posible dialogar sobre lo que nos aqueja, acompañarnos, escucharnos e incluso abrir espacios a la distracción y la relajación en conjunto.

La tecnología ha acercado esta posibilidad. D'Artigues habla de los grupos de WhatsApp o Facebook que se crean entre padres y madres —principalmente mujeres cuidadoras— de niñas y niños con discapacidad, en los que uno va encontrando a personas que viven situaciones parecidas, que pueden aportar soluciones o simplemente acompañar con la escucha.

"Ponle que estás dentro de un chat con mamás que tienen algún hijo con autismo como el tuyo y les escribes: 'Estoy desesperada, mi hijo no deja de gritar y se pega en la pared porque no quiere apagar la tele y mi jefe me está pidiendo una entrega, ¿qué hago?' Tal vez no surja una respuesta, pero al menos te van a escuchar y sabrás que no estás sola, que hay personas que están viviendo la misma situación que tú, es muy empoderador."

No sentirse solo, buscar crear estas redes y participar en ellas es fundamental. Escuchar otras experiencias alivia la carga y es también una forma de bajar los niveles de ansiedad y estrés que la crianza trae consigo, pedir ayuda está bien.

Pressia Arifin-Cabo del UNICEF hace énfasis en esta parte, en pedir ayuda siendo padre como forma de mitigar los riesgos de tener afectaciones en la salud mental, pero sí extiende una crítica: "Es importante pedir ayuda, pero también que haya ayuda disponible". En este sentido, hace un llamado a que desde los Estados haya un reconocimiento sobre la carga emocional de las labores de crianza y, por ende, en la urgencia de asegurar presupuesto y recursos humanos.

Katia, desde su experiencia personal, también nos comparte una reflexión a los adultos: "Este 2020 aprendí que todo puede acabar de un momento a otro". Por esto, ella ha apostado por reducir la exigencia hacia sí misma, *alivianarse*, ser menos dura y aprovechar el tiempo de encierro para enseñarle a su hijo que todo pasa, que nada dura para siempre, que lo importante es estar bien, cuidarnos para poder cuidar a nuestros hijos.

# Los hijos de todos

Ninguna inversión es más redituable que aquella que se hace en la infancia. Lo ha dicho el UNICEF en diversos informes: cada peso invertido en un niño o una niña tiene una tasa de retorno de más de 200% a largo plazo. Ninguna obra pública tiene este nivel de alcance, de beneficios.[1]

Sin embargo, según advirtió la misma institución, los recursos económicos para proteger a la infancia en México —y en gran parte de los países del mundo— no aumentan, incluso se notan ligeras disminuciones que alejan cada vez más la posibilidad de que niñas y niños accedan a sus derechos más básicos: educación, salud y una vida libre de violencia.

La pandemia de covid-19 puso el dedo sobre la llaga; hizo que asociaciones civiles y activistas se unieran para

[1] Alejandra Crail (2019). "Niñas y niños: los olvidados de la política." *EMEEQUIS.* Consultado el 4 de noviembre de 2020. Recuperado de <https://www.m-x.com.mx/investigaciones/ninas-y-ninos-los-olvidados-de-la-politica-pese-a-que-proliferan-abusos>.

alzar la voz y señalar la urgencia de un mayor presupuesto, de que se creen nuevas políticas públicas, de que escuchemos las necesidades de niñas y niños. La pandemia es una enorme ola que no ha terminado de caer y ya los especialistas prevén que la infancia será el sector más afectado a largo plazo, lo que arreciará la pobreza y desigualdad que ya la caracterizaban.

Ricardo Bucio Mújica, uno de los mayores defensores de la infancia en México, explica que hay varias problemáticas que ya existían pero que se han incrementado con la pandemia; la primera —y una de las más preocupantes dado el aislamiento obligatorio— fue la violencia dentro de los hogares, reflejada en el aumento en los ingresos a unidades hospitalarias de emergencia. Esto, asimismo, coadyuvó a que se presentaran problemas de salud mental, como estrés, ansiedad y depresión que, sin una intervención temprana, pueden dejar secuelas para el resto de la vida. En suma, repercuten en toda la sociedad, pues esta absorbe los problemas sociales que pueden derivarse e invierte grandes recursos en la atención a sus secuelas.

Otro eje que quizá como adultos no relacionamos directamente con las niñas y los niños es la pobreza. Según detalla Bucio Mújica, al verse reducido el ingreso de las personas adultas trabajadoras, tanto formales como informales, con los cierres de negocios, los despidos y las reducciones de las jornadas laborales a cambio de un salario menor, las niñas y los niños, en consecuencia, incrementaron sus niveles de pobreza.

De acuerdo con los datos del Consejo Nacional de Evaluación de la Política de Desarrollo Social (Coneval), poco más de 40% de la población en México vive en una situación de pobreza moderada o extrema, pero el panorama se amplía si miramos más de cerca dentro de ese porcentaje y nos concentramos en niñas, niños y adolescentes de cero a 17 años: según los análisis del Coneval, 49.5% de ellos son pobres, y de estos, los más afectados son los más pequeños, aquellos que viven la llamada primera infancia, que va de los cero a los cinco años de edad, pues la mitad de los infantes de este sector vive en pobreza.

Con esa mirada microscópica es posible medir no solo la pobreza por ingresos y satisfactores, sino cómo esto se reparte dentro de un grupo familiar, no proporcionalmente por número de integrantes, sino en lo referente a sus necesidades. Es posible responder ciertas preguntas, por ejemplo, cuánto acceso a alimentos tiene una persona de determinada edad, a servicios de salud, a seguridad social o si vive en hacinamiento, todo para poder determinar qué carencias sociales tiene cada persona. Tristemente, los resultados muestran que son las niñas y los niños los que más carencias presentan en relación con la población adulta.

Bucio Mújica explica la importancia de esta medición que se ha replicado en otros países del mundo y que puede mostrar los contrastes que se viven en una misma casa. Descubrimos, así, la desventaja en la que se encuentran los más pequeños de las familias por acciones que pudieran pasar desapercibidas, como cuando los padres que tienen seguridad social o servicios de salud se olvidan de inscribir a sus hijos. Una disminución en el ingreso y en el empleo de los adultos tiene una repercusión directa en los índices de pobreza de las niñas y los niños bajo su cuidado.

Por ejemplo, una familia compuesta por dos padres y tres hijos se ve en la necesidad de dejar su hogar e irse a vivir a casa de los abuelos a causa de la pandemia. La casa nueva, en la que habitan en conjunto, tiene tres habitaciones: los abuelos ocupan una, los padres otra y los tres hijos tienen que compartir la habitación restante. Esto sería un indicador de hacinamiento para los niños, aún más que para los adultos.

La Encuesta de Seguimiento de los Efectos del covid-19 en el Bienestar de los Hogares Mexicanos (Encovid-19) durante el primer semestre de 2020 encontró a 4.6 millones de personas que habitan en hogares en los que hay niñas, niños y adolescentes, las cuales reportaron estar desempleadas porque fueron descansadas sin goce de sueldo o no podían salir a buscar trabajo. Son estos hogares con presencia de niñas y niños los más afectados en la pérdida de empleo o fuentes de ingreso.

"En México se calcula que estas disminuciones de ingreso y de empleo, que son las que te permiten los demás satisfactores, van a incidir mayoritariamente en niñas y en niños, y se espera que la pobreza en el sector de cero a 17 años se eleve hasta un 59%", afirma el especialista. Esto quiere decir que seis de cada 10 niños en México vivirán en pobreza después de la pandemia, o sea, un total de 24 millones de niñas, niños y adolescentes.

En este mismo rubro, la situación actual vulnera aún más la vida de niños que no cuentan con cuidados familiares, infantes miembros de población callejera, indígenas, niñas y niños con alguna discapacidad, migrantes, aquellos que habitan en centros de privación de la libertad o instituciones de cuidado, como hogares de acogida o centros de salud mental, además de todos aquellos a los que la pobreza impide tener acceso a una alimentación adecuada y a internet o medios de comunicación —la principal fuente instaurada en la pandemia para tener acceso al derecho humano básico de la educación—.

La educación es, de hecho, el tercer aspecto que se debilitó con la llegada del covid. Una de las primeras acciones que los gobiernos del mundo decretaron como medida de mitigación de la pandemia fue la suspensión de clases presenciales. Entre prueba y error se apostó por virtualizar la educación de manera improvisada y aparentemente temporal.

Fue un cúmulo de confusión. Padres y madres tuvieron que acomodar sus horarios laborales, aún presenciales, para apoyar a sus hijos con la escuela desde casa y después coexistir en un mismo espacio 24/7, tratando de organizar su vida. Los profesores reinventaron de forma obligada y con poca asesoría las maneras de dar clases.

Al menos en México, esta medida significó que 30 millones de niñas, niños y adolescentes dejaran las aulas para ir a estudiar a sus casas con sus propios recursos, sorteando por cuenta propia y sin ningún apoyo obstáculos que las autoridades no contemplaron en esta implementación, como que solo dos de cada 10 hogares pobres tienen acceso a internet en el país y que, en general, sin importar el nivel socioeconómico, hay un 30% de la población que no tiene acceso a él.[2] Aunque no se reconozca abiertamente, la educación se volvió elitista e inequitativa, se visibilizaron las carencias, que para muchos significó la imposibilidad de continuar sus estudios porque no tenían una computadora en casa, internet o lo más básico, luz.

Rocío Guzmán, una veterana y experimentada profesora de preescolar que lleva más de tres décadas impartiendo clases en colegios privados, se enfrentó a una forma de enseñanza nunca antes pensada. En una entrevista en la que hablamos sobre los retos con los que lidiaban maestras y maestros de escuelas públicas y privadas en México, confesó que se sentía en desventaja respecto a profesores más jóvenes y, en suma, le era terriblemente difícil dar una clase a pequeñitos menores de cinco años a través de una pantalla.

---

[2] INEGI (2020). "En méxico hay 80.6 millones de usuarios de internet y 86.5 millones de usuarios de teléfonos celulares: ENDUTIH 2019." Consultado el 4 de noviembre de 2020. Recuperado de <https://www.inegi.org.mx/contenidos/saladeprensa/boletines/2020/OtrTemEcon/ENDUTIH_2019.pd>.

Rocío tuvo que emprender un viaje al mundo virtual, rompió con la brecha digital y perdió el miedo al uso de la computadora para realizar videollamadas, pero además se encargó de encontrar aplicaciones y programas que pudieran ayudarle a enseñar nuevos conocimientos a estos pequeños que tienen que vivir a distancia una de las etapas más importantes de su desarrollo.

Aun con el esfuerzo era muy difícil mantener la atención de alumnos tan jóvenes; de pronto uno que otro echaba a correr a mitad de la clase, otro lloraba descontroladamente sin que se acercara alguno de sus padres y unos más compartían el aula virtual con primos o visitas que llegaban a su casa, como una aparente forma de entretenimiento. Esto hizo notar a Rocío con mayor claridad que, antes de la pandemia, la escuela para muchas madres y padres era más que un centro educativo y de desarrollo para sus hijas e hijos, era un lugar en donde pasan el tiempo para que ellos puedan realizar otras actividades, principalmente laborales.

Con la llegada del covid-19, esa libertad superficial que ofrecía llevar a los niños al colegio se había esfumado y los adultos de las familias tuvieron que involucrarse al 100% en la educación de sus hijos. No fue un proceso fácil, sigue sin serlo, pero es un momento de transición que puede aprovecharse porque, como dice Rocío, la profesora de 58 años: “La educación como la conocíamos ya no existe, este esquema híbrido se va a quedar para siempre”. Y tiene razón. La humanidad ha descubierto que no es necesario estar todos los días y todas las horas acudiendo a trabajar a una oficina para cumplir con las labores, así como también las escuelas pueden apostar por un sistema híbrido de enseñanza —de manera formal y no obligada— en un futuro nada lejano, sobre todo si una situación similar —llámese pandemia, desastre natural o humano— toca la puerta de nueva cuenta.

Sin embargo, aun con esa aparente oportunidad que se presenta, sí es enfática al decir que vamos a tener generaciones completas de niñas y niños que van a padecer el rezago educativo que trajo consigo la pandemia por la desigualdad, pero también porque de forma virtual es imposible que alumnos como los de ella, pequeñitos que viven su primera infancia, aprendan correctamente las herramientas básicas para su desarrollo sin ayuda de un adulto. La escuela no es solo un lugar donde se aprenden conocimientos de cultura general, es un espacio de socialización que marca el camino a la independencia física y emocional de niñas y niños.

Bucio Mújica se enfoca en las afectaciones que se notarán como consecuencia de esta medida y que suman a las que ya hemos mencionado. Una preocupación fuerte ha sido la pérdida de las escuelas de tiempo completo porque estos espacios no solo eran centros educativos, sino espacio de alimentación para muchas niñas y niños en el país. La escuela les proveía el acceso a revisiones frecuentes de su salud y vigilancia de una buena nutrición. Eran, además, espacios de cuidado porque muchos de sus padres trabajan tiempo completo y no pueden encargarse de ello. "No solo se está perdiendo calidad educativa, sino todo lo demás."

Y las brechas son más amplias cuando hablamos de niñas y niños indígenas porque en el supuesto de que tengan acceso a internet o a la televisión, quizá queden rezagados debido a la falta de oferta educativa en la lengua que hablan, algo que antes sí existía en los espacios presenciales. Lo mismo ocurre con niñas y niños con algún tipo de discapacidad; sus centros de enseñanza han quedado reducidos, con solo algunas herramientas en línea para que los padres les ayuden, pero que no alcanzan para cubrir las necesidades de todas y cada una de las discapacidades que existen.

A decir de Bucio, todo esto ha provocado no solo una baja en el nivel educativo, sino también en la desprotección que podemos brindarles a los niños fuera de sus hogares, obviando que las mayores violencias contra ellos ocurren precisamente en esos espacios donde fueron confinados a cargo de sus familias.

Un recuento que realicé apenas en mayo de 2020 arrojaba un total de 22 registros de homicidios de niñas y niños menores de 15 años cometidos por alguno de sus familiares cercanos. Este conteo de los registros de prensa, enmarcado en los primeros cuatro meses del año, mostraba que para entonces ya había ocurrido la mitad de los homicidios que se registraron en 2019 en la prensa (43). En esa investigación, que nombramos "Siguen matando a niñas y niños. La cuarentena aumenta el riesgo de violencia", documentamos el caso de una pequeña de seis años a quien sus padres dejaron encargada con sus abuelos como medida de prevención de contagios, pues era más fácil que ella no estuviera expuesta ante las salidas laborales de sus padres si se quedaba con ellos en la casa de la colonia Real Carolinas en Chihuahua, Chihuahua. Un día, sus abuelos Miguel y María Guadalupe llamaron al 911 para reportar su muerte, dijeron que había tenido fiebre, tos y síntomas relacionados al covid-19 en los últimos 15 días, pero cuando las autoridades de salud revisaron su cuerpo, se percataron de que en realidad la pequeña había sido estrangulada y tenía huellas de agresión sexual.

Al respecto, Juan Martín Pérez, director ejecutivo de la Red por los Derechos de la Infancia en México (Redim), me dijo:

> La violencia contra niñas, niños y adolescentes se está profundizando con la pandemia. Lo vamos a ver al término, ahorita no, porque no tenemos muchos ojos para mirar. Más de 60% de la población ha reducido su movilidad y, a falta de actividades escolares y comunitarias y que no vemos lo que ocurre en los hogares, hay menos posibilidades de que sean denunciadas las violencias en contra de los más vulnerables.

Entre la violencia y las dificultades para tener acceso a la educación, los niveles de deserción escolar, estiman los especialistas, se van a ir al cielo por las cuestiones económicas —aumento de trabajo infantil, en mayor medida en zonas rurales—, pero sobre todo por el desinterés, el olvido del sistema para con niñas y niños. La pandemia, no hay duda, desincentiva la educación y sí impacta en cómo niñas, niños y adolescentes se perciben dentro de su sociedad. Así como hemos hablado de lo que ocurre dentro de casa cuando creemos engañosamente que no se dan cuenta de las cosas, que no entienden o que no les afectan, pasa a nivel sociedad, las niñas y los niños sí se dan cuenta de las cosas, de las omisiones y de las afectaciones en su vida. La educación integral no solo es garantizar el acceso a estas modalidades impuestas por la emergencia, sino garantizar que ese acceso sea de calidad, que entiendan los contenidos, que aprendan, que se involucren, que se sientan parte.

En esta misma línea, el trabajo infantil comienza a prender los focos rojos porque el binomio deserción escolar-pobreza impulsa a los niños a actividades productivas: la venta de productos, trabajo agrícola o doméstico no remunerado —con la carga de género que esto implica—. El mayor problema es que esto hace que niños más pequeños, de edades que no tienen permitido el trabajo (cinco a 14 años), se vean orillados a trabajar. Las estimaciones previas a la pandemia nos dicen que 3.2 millones de niñas, niños y adolescentes se encontraban en condición de trabajo infantil, algo que atenta contra todos sus derechos más básicos no solo por los peligros, sino por los impactos negativos en su desarrollo físico y psicológico. El trabajo infantil es privarles de su niñez, de su potencial, de su dignidad.

Así como Bucio, Pressia Arifin-Cabo, representante adjunta del UNICEF en México, nos invita a reconocer que la educación y los colegios son más que importantes en el desarrollo de un país. Por eso, desde todos los frentes, debemos impulsar la continuidad educativa, que exijamos que nunca más la educación sea interrumpida. Seis meses de rezago tras un desastre o un conflicto implican años de rezago educativo, y esta crisis no solo es en México, sino en todo el mundo. Cada día que pasa con la educación aún en pausa es un retroceso.

Las decisiones gubernamentales, la falta de estrategias para garantizar la educación de calidad, el acceso y la protección a la infancia nos demuestran una vez más que seguimos mirando desde el adultocentrismo, que estamos cegados y no profundizamos en las consecuencias de estas decisiones porque pensamos que no nos afectan directamente. Los niños viven hoy, los niños tienen derechos hoy, como dice Arifin-Cabo, no podemos decirles: "Espérate a que vuelva la normalidad", porque la normalidad ya no está, se ha transformado y está en continuo movimiento. Tenemos que priorizar sus necesidades en este vaivén.

Otro punto que hay que resaltar es que, si bien se ha hecho un esfuerzo por que la educación se continúe en casa —con todos los obstáculos de desigualdad que ya mencionamos—, el hecho de que esta actividad se sume a una responsabilidad dentro de estos espacios abona a la brecha de género por la que se había estado luchando las últimas décadas. Y es que son las mujeres quienes cargan, en su mayoría, con las responsabilidades asociadas al hogar. Adherir la educación de las niñas y los niños a este espacio implica sumar una jornada extra de trabajo a las mujeres. En suma, la Organización de las Naciones Unidas para la Educación, la Ciencia y la Cultura (UNESCO) ha advertido de efectos devastadores para las niñas y mujeres adolescentes a raíz del machismo aún presente en el ADN de las sociedades, que ha aprovechado su permanencia en estos espacios para cargar mayores responsabilidades del hogar en sus hombros. El organismo internacional ha dicho que esto implica otros riesgos asociados al cambio en la educación para ellas: explotación sexual, embarazo adolescente y uniones tempranas y forzadas.

El cuarto eje que se vio trastocado con la emergencia sanitaria es el de la salud. En una parte está lo obvio, los contagios y defunciones asociados a covid-19 en niñas y niños. Hasta finales de noviembre, se habían confirmado poco más de 30 mil contagios en menores de 15 años en México al tiempo que se tenían registradas más de 300 defunciones. Por otra parte, advierte Ricardo Bucio, más allá de esto, sin restarle importancia al impacto de las cifras, el mayor problema es que el sistema de salud dejó de ir a donde estaban los niños —principalmente las escuelas— y los padres, por el miedo natural al contagio, dejaron de llevar a sus niños a los servicios de salud.

El Instituto Mexicano del Seguro Social (IMSS) reconoció que la pandemia trajo un retraso en los esquemas de vacunación de más de 700 mil niños, mientras que otros especialistas registraron una caída histórica de 60% en la cobertura del Esquema Básico de Vacunación, desde rotavirus, neumococo, hasta sarampión, lo que puso en alerta a todos los sistemas por las consecuencias que esto puede traer a corto y largo plazos como contagios masivos, discapacidades, muertes prevenibles por infección o el resurgimiento de aquellas enfermedades que ya se consideraban controladas o erradicadas.[3] De hecho, en abril, a la par de que el covid-19 comenzaba a expandirse fuertemente por el país, la Organización Mundial de la Salud alertaba de un brote de sarampión en México con mil 364 casos probables. Si bien la mayoría fueron descartados, sí quedó en evidencia que muchos de ellos habían sido pequeños que no habían sido vacunados.

En materia de salud, la pandemia también nos hizo fjiarnos en cuán sanos están nuestros hijos y cuán propensos son a tener alguna comorbilidad que los ponga en riesgo. Por ejemplo, se calcula que uno de cada 10 niños menores de cinco años padece obesidad, lo que a largo plazo se traduce en la posibilidad de tener sobrepeso el resto de su vida, así como padecer enfermedades circulatorias, del corazón, de los riñones, diabetes, entre otras.

[3] Blanca Valadez (2020). “Covid-19 retrasa vacunación de 700 mil niños.” *Milenio*. Consultado el 4 de noviembre de 2020. Recuperado de <https://www.milenio.com/ciencia-y-salud/coronavirus-imss-detecta-retraso-vacunacion-700-mil-ninos>.

## Mirar lo que no queremos ver

"Lo que ha hecho la pandemia es aumentar como una lupa las desigualdades", dice Katia D'Artigues, periodista y activista por los derechos de las personas con discapacidad. En su área de *expertise*, comenta, todo lo que ya hemos desarrollado a lo largo de este capítulo se incrementa cuando hablamos de aquellos sectores históricamente vulnerados y olvidados de las políticas públicas y el presupuesto gubernamental.

En el área de discapacidad ya había grandes rezagos antes de la pandemia. La mitad de los niños, niñas y adolescentes en edad escolar no iba a la escuela —a ningún tipo de escuela ni especial ni inclusiva—, y se espera un aumento muy claro en estas cifras.

Para abordar cómo ha impactado la pandemia a niñas y niños con discapacidad, Katia explica este punto: hay discapacidades motrices, discapacidades intelectuales —como el síndrome de Down—, auditivas, visuales —desde aquellos que tienen baja visión hasta quienes son completamente ciegos—, psicosociales —como autismo o Asperger—, que requieren diversos tipos de apoyo y a distintos niveles, tanto de sus familias como de la sociedad misma.

En el tema educativo, ya complejo, Katia señala la incongruencia de que en la Constitución mexicana se enmarque que todos los habitantes del país tienen derecho a la educación, pero que al mismo tiempo no se quiten las barreras que impiden el acceso para todos. "No hay un asterisco que diga 'salvo las personas con discapacidad', entonces es un deber, aunque aún no sea una realidad."

Desde 1994, dentro de la Secretaría de Educación Pública (SEP) se impulsó el aumento de la educación inclusiva, una brújula, un horizonte para caminar hacia el cumplimiento pleno del artículo tercero constitucional. Aunque se ha recorrido un camino largo que debiera ser más sencillo y asequible, aún no es una realidad. Apenas hay en educación pública libros en braille y en macrotipo, estas letras grandes para personas con baja visión o algún tipo de discapacidad visual, pero fuera de eso, los ajustes curriculares que tienen que hacer para ayudar a que los maestros guíen a todas las personas en el aprendizaje no existen. Había otros avances como la Unidad de Servicio y Apoyo a la Educación Regular (USAER), que son maestros formados en psicología, educación especial y otras disciplinas encargados de hacer las adaptaciones curriculares en las escuelas y de apoyar a los maestros de aulas regulares para adaptar sus dinámicas cotidianas para incluir a los alumnos con discapacidad, de tal forma que puedan estar con los demás niños. Pero estos eran muy pocos y, por ende, había poca inclusión de los niños con discapacidad en el entorno social.

Todo esto, sin embargo, quedó en un limbo y ahora las responsabilidades recayeron completamente en los hogares que se enfrentan a la falta de alternativas para que sus hijos reciban la educación necesaria a distancia, con una sobrecarga de trabajo para las mujeres de las familias porque, culturalmente, todavía se cree que aunque las mujeres también trabajan, deben de atender solas todo lo relacionado con el hogar y los hijos. "Por eso tienes a mamás que caen fácilmente en el *burnout*, un riesgo que con la pandemia se multiplica cuando se tiene un hijo con discapacidad porque no todos los niños pueden tener una educación a distancia vía televisión, ya que no acceden a ella tan fácilmente."

Si para las niñas y los niños sin discapacidad los riesgos de rezago y de deserción escolar son altos, para aquellos con discapacidad los números estarán por encima de la media nacional. Los obstáculos para ellos no son solamente las clases a distancia, sino también la exclusión que se instauró desde el Estado al no considerar la diversidad de la discapacidad, como quienes necesitan educación uno a uno o apoyos físicos; aquellos que iban a la escuela apoyados de una maestra sombra, que les ayudaba a hacer sus cosas, a movilizarlos dentro del salón; sin embargo, ya no tienen esa posibilidad. Muchos, además, son parte de familias en crisis, quizá sin trabajo o sobredemandadas por el teletrabajo y la responsabilidad de tener hijos en la casa estudiando en diferentes horarios. Los cuidadores y las cuidadoras, entonces, tienen que supervisar tareas y una infinidad de cosas para las que no hay cuerpo suficiente.

En suma, los retrocesos se notan en los avances en socialización e inclusión. Muchos niños con discapacidades psicosociales habían ya aprendido a leer al otro e identificar las emociones, indispensable para quienes viven con autismo, todas esas habilidades que les ayudaban a integrarse a la comunidad y que se están perdiendo enormemente.

"Ya había una desigualdad, pero esta desigualdad se ha profundizado. Nos preocupa la deserción escolar y también que las personas con discapacidad suelen ser las más pobres y las más discriminadas, las que más tardas en voltear a ver. Esto es un reto mundial, no solo de México."

Las niñas, los niños y los adolescentes que viven con discapacidad son solo una parte de aquel universo que los miembros de la sociedad hemos optado por no ver, cuyo ejercicio pleno de sus derechos hemos decidido ignorar, acentuando aún más su invisibilización.

Otro sector que ha ido en aumento las últimas décadas y que también ha quedado relegado en medio de la pandemia es la niñez migrante acompañada o sin acompañantes. Tan solo en los primeros cuatro meses del año, las autoridades de migración en México detuvieron todos los días a 40 niñas y niños migrantes (un total de 4 mil 856). La información oficial señala que muchos están alojados en estaciones migratorias, en situaciones de hacinamiento y con la imposibilidad de implementar los cuidados básicos de higiene para evitar contagios.

Como ellas y ellos, los niños en situación de calle, aquellos menores que habitan en algún centro de reclusión con sus madres, quienes están en un centro de reinserción social o en una institución de salud mental o de cuidado también cuentan. Todos los aspectos que vulneran sus derechos deben ser considerados no solamente por el gobierno, sino por el resto de la sociedad. Apelar a la empatía de reconocer la diversidad de los miembros y la vulnerabilidad que emana de situaciones particulares para enfrentar, en conjunto, por medio de abrazos a distancia, lo que nos dejó el covid.

## Niñas y niños visibles

Más que hacer un recuento de la situación en la que está la infancia en México y en el mundo, así como de las problemáticas que la pandemia ha incrementado, quise detallar este panorama porque el conocimiento nos da la pauta para impulsar cambios que puedan beneficiarla, conocer lo que les aqueja a las niñas y a los niños, nos invita a mirarlos.

Cuando pensamos en los grandes problemas de adultos, explica el doctor Ricardo Bucio, como la pobreza o la inseguridad, los problemas económicos, de seguridad social o desempleo, regularmente no pensamos que estos son también problemas de niños, pero lo son. Por ello la exigencia de una sociedad más estable y de la creación de políticas públicas que resuelvan esos "problemas de adultos". Estas políticas deben cambiar de foco y poner en el centro a la infancia, no solo como la mejor inversión, sino también como el mejor motor para que esos cambios sí se concreten.

El defensor de derechos humanos, sin embargo, sí encuentra aspectos positivos dentro del confinamiento, al igual que todas las voces que hemos recogido en este libro. De alguna forma, muchas de las niñas y los niños tuvieron por primera vez padres o madres de tiempo completo que hoy se dan cuenta del poco tiempo que pasaban con sus hijos. Dentro del caos, esas sonrisas por sentirse acompañados y amados han sido el sostén de todo. Y este es un gran punto de partida para pensar en nuestras relaciones con ellos y en lo que tendríamos que cambiar para establecer mecanismos de confianza, de diálogo, de respeto.

No es una regla, claro. Así como hay a quienes este confinamiento les ha ayudado a generar mayores capacidades parentales por la exigencia de la situación, hay a quienes les ha exacerbado la violencia, la ansiedad, la incapacidad de trato positivo.

Nunca voy a olvidar el mensaje que compartió Esmeralda Bedolla, abuelita de Diana Mía, una pequeña presuntamente asesinada por su padrastro, como parte de la investigación "Matar a un hijo". Su crítica estaba enfocada en diversos comentarios de los vecinos de la casa donde Diana Mía pasó sus últimos meses de vida, pues, según dijeron cuando el caso se hizo público, era común escuchar gritos, regaños, golpes y castigos, pero nadie nunca hizo nada. Nadie denunció ante las autoridades, nadie intervino en beneficio de la integridad de la pequeña. Por eso, Esmeralda es enfática: "Ante cualquier señal mínima de alarma, hagan algo, no se queden de brazos cruzados: ni un niño menos, ni un niño menos".

María Teresa Sotelo, especialista en derechos de la infancia y fundadora de la hoy extinta Fundación en Pantalla Contra la Violencia Infantil (Fupavi) dijo para la investigación:

> Persiste la idea de que las y los niños son extensiones de los padres y que solo ellos saben cómo educarlos, no importa si es a base de golpes y gritos. Pero no es así, los niños son de todos en el sentido de que todos somos responsables de lo que les ocurra y debemos vencer esas líneas de pactos adultocéntricos en beneficio de ellos y señalar las violencias y los malos tratos, pero también la desigualdad y la invisibilidad para con ellos que viene desde el Estado.

La crianza positiva siempre necesitará políticas públicas que la impulse y no solo en los colegios o en los centros de salud, sino en todos los ámbitos de la vida pública, principalmente políticas laborales que privilegien el tiempo familiar por encima de las jornadas extenuantes y precarias que han alejado a las familias, haciendo que las niñas y los niños crezcan solos.

A nadie se nos enseña a ser papás y mamás, eso es un hecho. Apenas tenemos esos conocimientos de generación en generación que se han aprendido sobre la marcha y que son, más que elementos de crianza, movimientos mecánicos que nos guían para cambiar un pañal, alimentar o acostar a un pequeño. Pero ya no es suficiente; en tiempos adversos, la única salida es la evolución y parte de esta transición tiene sí o sí que pasar por el compromiso de todos, no nada más de los padres. Nos incumbe a cada uno de nosotros que las niñas y los niños tengan la mejor crianza posible, sana, con base en sus derechos, libre, feliz y llena de amor, creatividad, libertad y juego.

Bucio Mújica nos invita a mirar los esfuerzos que se hacen en otros países en los que hay acciones expresas por parte de los gobiernos para fortalecer los núcleos familiares porque saben perfectamente que el mejor mecanismo de protección integral de un niño, una niña, un adolescente es su familia. Es cuestión de privilegiar la educación socioemocional y la educación de tecnologías de la información y la comunicación (TIC) por los aprendizajes que ofrecen, pero también por los riesgos. Desde su punto de vista, es indispensable que comencemos a avanzar hacia un modelo educativo que incluya esto, que enseñe qué hacer con lo que sentimos. Quizá ahora, como adultos que enfrentamos constantemente ansiedad, estrés, depresión y otras cuestiones de salud mental, podamos ser más conscientes de la importancia de darles a las niñas y los niños herramientas para que puedan manejar sus emociones. "La pandemia ha sido un reto, pero también nos da oportunidades."

Es un todo que cruza por todas las áreas, por toda toma de decisiones y por todos los miembros de una sociedad.

No es un jardín de rosas, es un camino turbio y complejo que requiere esfuerzo día con día para recorrerse, y al mismo tiempo es como jugar, descubrirnos y crecer, pues gozamos aprender en el camino. Al final, no hay mejor forma de abrazar a alguien que así, con amor, compromiso y conciencia en tiempos tan difíciles como los que estamos viviendo.